「全自動」であらゆる願いが叶う方法

潜在意識がみるみる書き換わる

The way to make every wish will "automatically" come true.

Unlocking the power of your subconscious mind.

YOKO

KADOKAWA

はじめに

「叶える」のではなく「叶ってしまう」

はい、こんにちは。YOKOです!

私の初めての本を手に取ってくださって、本当にありがとうございます。

はい、あなたは今、「全自動で願いが叶うスイッチ」を押してしまいました!

私がこの本で皆さんにお伝えしたいのは、つらいことが苦手な私が見つけた一番簡単なメソッドで、**すべての願いを叶えていく方法**です。

「叶える」というより、「叶ってしまう」がしっくりきますね。

私たちの意志も行動も「全自動」で願いの方向へ向かい、「大きな後押し」を得ながら願望が実現されていく。その仕組みを、この本ではたっぷりご紹介していきます。

私自身のことを少しご紹介しますね。

私は、アメリカ・ロサンゼルス在住の「スピリチュアル好きの主婦」です（笑）。

2020年に、「**YOKOの宇宙研究CH**」というYouTubeチャンネルを立ち上げました。現在、登録者数は12万人を超え、多くのフォロワーさんに支えられながら、動画制作をしています。

どうしてこのような発信を始めたのかというと、**私自身、すごく劣等感や無価値観が強くて、自己肯定感が高いとは決して言えなかった**んですね。

心の深い部分に傷を抱えながら、「もっと心を軽くしたい」「ラクに願いを叶えながら人生を歩みたい」と心理学や自己啓発などさまざまな分野の本を読みあさり、行きついたのが宇宙のことでした。ずいぶん遠くに行きましたね（笑）。

そして、**宇宙の真理、この地球の仕組みや潜在意識のことを知れば知るほど、人生を変えていく方法はすごくシンプル**じゃないかと気づいたんです。

最近は、全人類共通の課題となった「新型コロナウイルス」の影響もあって、仕事もお金も人間関係も、不安になる要素には事欠きません。

でも、大丈夫です！

この本でご紹介する超簡単なメソッドを、しっかりと胸に落とし込んでいただければ、何が起ころうとも、あなたは大丈夫。

そう確信を持って人生を歩んでいくことができます。

私たちの人生に、すさまじい影響を及ぼすもの。それは、この本のメインテーマである**「潜在意識」**です。

私たちの意識は、顕在意識と潜在意識に分かれますが、私たちの人生は、95％を占める潜在意識に支配されていると言われています。

まさに、支配されちゃってます。気づかないうちに……。

人生がうまくいく人、いかない人の違いは、この潜在意識にどのような「思い込み」が入っているかの違いが大きいんですね。

「私はダメだ」というイメージが潜在意識の中に居座っていれば、目の前に起こる現実は、「私はダメだ」を裏づける出来事ばかりになります。それを見てまた、「ああ、自分はやっぱりダメなんだ」と思ってしまう無限ループを、私たちは無意識で繰り返しています。

潜在意識の中に刻み込まれている「私はダメだ」などの強い思い込みが、実は人生をほぼ決めてしまっていると言っても過言ではありません。

だから、**この潜在意識に刻み込まれている思い込みを、「自分の望み通りに書き換える」ことを、何より最優先しなくてはいけません。**

それをラクして楽しく書き換えるのが、「**YOKOメソッド**」となります。

使うツールは「言葉」です。

「それだけ?」って思った方もいるかもしれません。

それだけだからいいんです。だって、簡単で、いつでもどこでも使えなければ、私のような人は絶対に続きません(笑)。

動画を観てくれている方には多分バレてると思いますが、私は生来、ものすごくラクをしたい人です。怠けたいし、ラクしてお金が入ってきたら最高だし、動画を作ることさえ、「誰か代わりにしゃべってくれないかな〜」と思うこともあります（さすがにひどい・笑）。

潜在意識を書き換える方法は数あれど、「怠け者代表」としての私の目が厳選した一番簡単で一番強力なツール、それが言葉なんです。

言葉の威力を一度知ってしまったら、もうそれを使わずにはいられないくらい虜《とりこ》になります。

「こんなちょっとの力で、こんなにも効果が得られるの？」って思うはず。私が実際に経験しているので100％の確信を持って言えます。

こんなに気軽に使えるのに、**言葉には人生の方向を、自分の行動を、そして自分の人格さえも変えてしまう力が本当にある**んです。

正確には、言葉の影響を受けた潜在意識の力によるところが大きいのですが、言葉というのは、私たちの意識の95%を占める超パワフルな潜在意識をグイグイ変えていける超強力なツールなのです。

この本では、**言葉の威力を裏づけるもの、あなたの望みにぴったりな言葉の作り方、そして、実生活で確実に実践できる仕組み、潜在意識の書き換えを加速する方法など、余すところなくお伝えします。**

潜在意識の仕組みを理解したうえで使う「言葉」は、**壮大な人生ゲームにおいて手に入れた「最強の武器」**のようなものです。

その効果は、次のような出来事を実際に生み出しています（ここに挙げたのは、ほんの一例です）。

- **数万円から十数万円の臨時収入が止まらなくなった**
- **義母から突然1000万円をプレゼントされた**

- **やりたい大きな仕事がどんどん舞い込んだ**
- **夫が異例の大出世を果たし、富裕層になった**
- **職場のイヤな上司が急に退職していなくなった**
- **両親との確執が消え、3年間の引きこもりが解消した**
- **自分を好きになれて念願の仕事を引き寄せた**
- **理想の男性が現れて、たった半年でプロポーズされた**
- **なんの苦労もなく自然に5kgやせた**

さて、またこの本では、

「自分を積極的に愛さなくてもいい」

「ずっとワクワクしていなくていい」

「ネガティブでも願いは叶う」

という、**これまでのスピリチュアルの常識や価値観の枠を大きくはみ出すようなことも語っていきます。**

それらは、すべて私の実体験でもあります。

とにかくラクに、無理せず、あなたの願いが叶っていってほしいのです。

今度こそ人生を変えたいと思っている人。
言葉にできない不安を抱えている人。
自分に自信が持てなくて一歩前に進めない人。
今、この苦しい現実を変えたい人。

この本を手に取っているという時点で、あなたの人生は望む通りに変わっていくということは決まっています。

今はまだ、「本当かな……」「そんなことがあるのかな……」と思っているかもしれません。

でも、この本を読み進めていただくうちに、「言葉」という最強ツールを使えば、**「あらゆる願いを全自動で叶えていくこと」は簡単なんだ**ということを深く理解することができるようになります。

今まで超ハードモードで頑張ってきたあなたの人生、**そろそろイージーモードに変えませんか？**

望み通りの人生へ。

さあ、今ここから始めていきましょう！

2021年12月
YOKO

第1章
なぜ「全自動」であらゆる願いが叶うのか？

第2章

自分のことが嫌いでも、ネガティブでも大丈夫

第3章 たった一言で現実が変わる「言葉の力」

第4章

願望実現が加速して止まらなくなる秘訣

第5章

読むだけで思い込みがほどけていく話

第6章
輝く未来へ向かって「人生イージーモード」に！

ブックデザイン　菊池 祐
本文DTP　荒木香樹
カバーイラスト　北澤平祐
本文イラスト　オフィスシバチャン
構成　相馬由香
校正　東 貞夫
編集　河村伸治

第1章

なぜ「全自動」であらゆる願いが叶うのか？

私たちの現実を創るものの正体

私たちの現実を創るものは、いったいなんでしょうか。

「思いが現実を創る」という言葉を聞いたことがあるかもしれません。

「思い」というのは「波動」「周波数」とも言い換えられ、この「波動」が現実を創り出していると言われています。スピリチュアルの世界では、これはもう常識とも言える事実ですから、きっとご存じの方も多いと思います。

でも、創り出される現実の中には、起きてほしくないネガティブなことや、想像もしていなかった出来事なども起こってきますよね。

「ああなりたい！」という自分の理想通りにはなかなか現実が反映されない、というのが実際のところではないでしょうか。

自分の思い＝「波動」が現実になるはずなのに、叶ってほしいことが叶わない。

なぜ、こんなことが起きるのでしょう？

答えは、潜在意識にあります。

後からたっぷりとお伝えしていきますが、潜在意識は「強く刻まれた思い込み」を現実化していくという特徴があります。

これから、その潜在意識の特徴や働き、また自分の中にある強い思い込みとは何か、それが私たちの人生にどう影響しているのか——。それをご説明していきます。

これらはすべて、この本のテーマである**「全自動で願いを叶えていく」というメソッドのカラクリを解くカギ**になります。難しいことはありませんので、気楽に、リラックスしながら読み進めてみてください。

読んでいくうちに「だからうまくいかなかったのか!」「そんな仕組みだったの?」というような気づきがたくさん得られると思います。

この本に書いてあることを全部覚える必要はないですが、「仕組みさえ知ってしまえば、人生って意外と簡単に変えることができるんだな〜」と思っていただけたら、とても嬉しいです。

潜在意識が支配する私たちの生活

まず、私たちの「意識の世界」について、簡単に説明していきます。

私たちの意識には、2種類あります。

1つは「**顕在意識**」です。表面意識とも言われますが、「肩が凝ってるな」とか「おなかが空いた！　冷蔵庫の中を見てみよう」といった、自覚できる意識のことです。

そして、もう1つは「**潜在意識**」です。無意識と呼ばれることもあります。これは私たちが自覚できない領域です。

潜在意識は膨大な「記憶の貯蔵庫」であり、今世の記憶はもちろん、前世の記憶や、この宇宙すべての情報が記憶されているとも言われています。

ご覧になったことがあるかもしれませんが、この2つの意識は次のような「氷山の絵」で表されます。

私たちが意識できている部分は全体のたった5%程度で、残りの自覚できない95%が潜在意識で占められています。

また、**この潜在意識のパワーは、顕在意識の2万倍ある**と言われています。自覚できないのに、私たちの人生に及ぼす影響が2万倍ってすごいですよね（笑）。

冒頭でも少し触れましたが、潜在意識の中に入っている「強い思い込み」が私たちの現実に大きな影響を与えるという特徴は、この強力なパワーによるものです。

さらに潜在意識は、私たちの「無意識

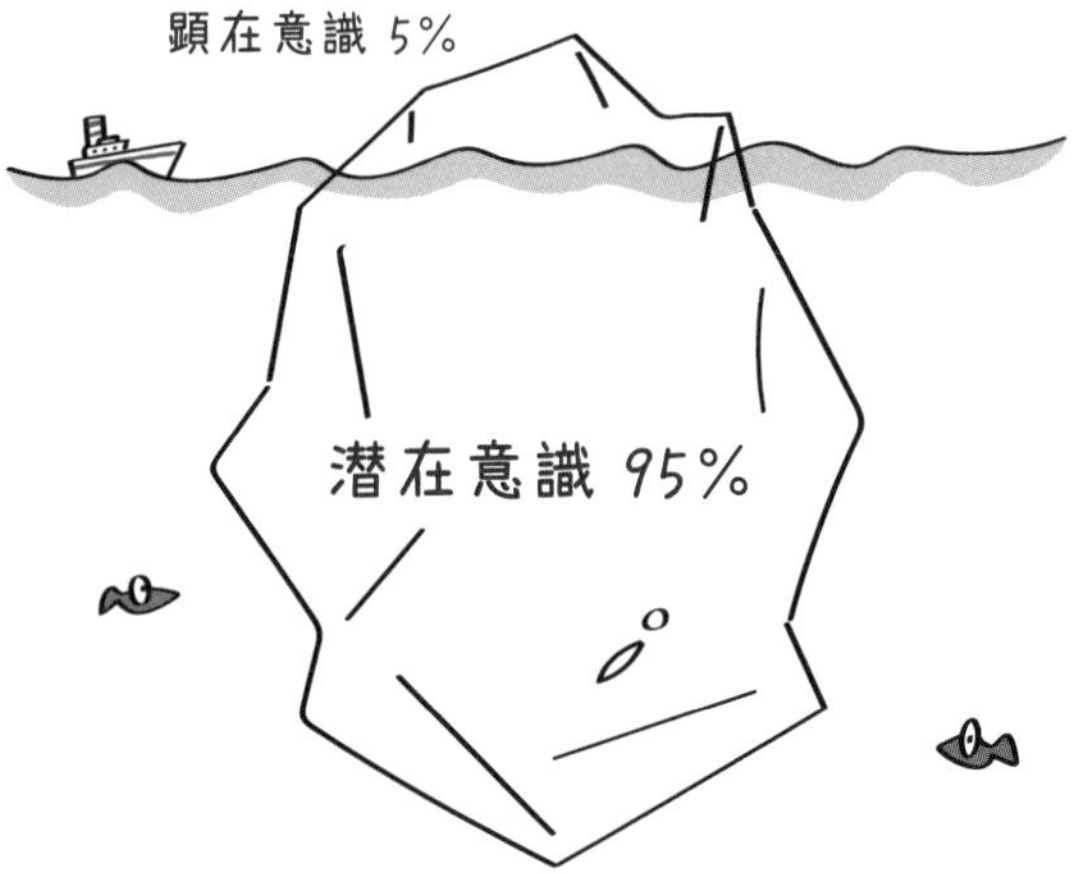

の意思決定」や「無意識の行動」まで決めてしまっています。

この話、難しく考えないでくださいね。

例えば自転車に乗るとき、皆さんは乗り方を意識しますか？

「まずはハンドルを持って、サドルにまたがって、右のペダルに足を乗せたらグッと踏み込み、それを繰り返して……」なんて意識しませんよね。何も考えず、無意識で乗りこなせると思います。

さらに、その自転車に乗っていつものスーパーに行くのに、「あの角を曲がって、100m先を右に曲がり……」なんてことも考えないはずです。いつも行っている場所なら、「ほぼ何も考えずとも」「体が勝手に動き」目的地まで行けますよね。

また、何か危険を察知したときは反射的に体が動きますし、歯磨きや家事など習慣になっていることは、いちいち考えなくても体が自然に動きます。

そしてもう1つ、これはそろばん講師をしている知人に聞いたのですが、テレビ番組などで、何桁もの数字をいくつも一瞬で足し算していくフラッシュ暗算というものを見たことがありませんか？

あれは、数字が出た瞬間に、その人の頭の中にある「そろばんの珠《たま》」が自動的に動いているそうです。

やったことのない人から見れば、「超人じゃん！」と思うかもしれませんが、実はその知人によれば、幼い頃からそろばんを続けていれば、ごくごく普通にある話だそうです。2桁の数字を10個足すくらいなら、割と簡単に身につくと言います。

これが、潜在意識の「無意識の意思決定」や「無意識の行動支配」です。いつも行っている場所やわかりきった動作であれば、いちいち考えずに「自動的に」できるような仕組みになっているんですね。

では、なぜ無意識で動くのでしょうか。

それは、私たちの生活すべてを5％の顕在意識で「まず腕を動かし、指をこの形にして」などと意識させると、必要のないエネルギーを膨大に消費してしまい、本当に重要なことに意識を向けるのが難しくなってしまうからなんですね。

だからこそ、何度も繰り返して潜在意識に刻まれた習慣などは、最小限のエネルギーで行うことができるようになっています。

無意識の中、「自動操縦」のように私たちを操るような仕組みになっているんです。

言い換えれば、**潜在意識には「インプットされた情報を無意識で行動にまで反映させる力がある」**ということです。

ここに、「全自動」で願いが叶っていく大きなヒントがあります。

次項でさらに、潜在意識について見ていきましょう。

潜在意識の「SENくん」は純真無垢な2歳児

ここで、潜在意識の特徴をご紹介します。

潜在意識が「何をするか」ではなく、潜在意識とは「こういうものだ」という性格みたいなものだと思ってください。

①現実とイメージの区別がつかない
②何度も繰り返されるものに反応する
③否定形が理解できない
④イメージや五感が好き
⑤他人と自分の区別がつかない
⑥善悪の区別をしない
⑦感情に強く反応する

⑧トラウマの傷を繰り返す
⑨変化を嫌う（現状維持が好き）
⑩2歳児

これを見て、何か気づくことはありませんか？

現実とイメージ（妄想）の区別がつかなかったり、他人と自分の区別がつかなかったり、善悪の区別がつかなかったり、感情に強く反応しちゃったり……。

まるで、赤ちゃんみたいじゃないですか？

純真無垢《むく》な感じです。

私は、初めて潜在意識の特徴を知ったとき、「やだ、私より頭弱い？」って思っちゃいました（笑）。だって私、現実とイメージの区別つくし……。

特徴の中に「2歳児」とありますが、私の中では潜在意識って、赤ちゃんから少し成長した「やんちゃで純真無垢な2歳児」というイメージなんです。

そして、どちらかというと男の子っぽい感じ。

これから本書では、この潜在意識を「とても変えられない強大な存在」としてではなく、「特徴を知っちゃえば、実はコロッと変えられるかわいい2歳男子」として、親しみと愛情をこめ「SENくん《セン》」と呼んでいきます。

潜在意識っていうと、なんだか確固たるもののように思えますが、その正体は2歳児です（笑）。「やだ、チョロいかも……」という感覚を、本書を読むうちにぜひ強く刻みつけてほしいと思います。

そうなんです。

無邪気な2歳児であるSENくんの特徴を知って、うまく利用すれば、潜在意識を思い通りに書き換えることは、まったく難しいことではないのです。

この特徴を踏まえ、次項では、SENくんが実際にどんな影響を私たちの生活に及ぼしているか、詳しく見ていくことにしましょう。

SENくんの働き①「人生の色メガネ」を決めている

SENくんの働きの1つに、誰もが持つ「人生の色メガネ」を決めているというものがあります。**人生の色メガネとは、SENくんの中に深く刻み込まれた「偏った思い込み」のこと**です。

人は知らず知らずのうちに、さまざまな「偏った思い込み」を持って人生を歩んでいます。

例えば、「自分はできる」「自分は愛される存在だ」「自分はダメな人間だ」「自分は運がない」「自分は人に軽く見られる存在だ」……などなど。その思い込みはポジティブだったりネガティブだったり、その両方だったり、人によって千差万別です。

この潜在意識に刻まれた強い思い込みが、まるで「色メガネ」をかけたかのように、現実に起こる出来事をその「色」に染めてしまいます。

本来、目の前に起こることは無色透明であり、それ自体に良い悪いはないと言われますが、私たちはそれぞれの色メガネで出来事を見て、**色メガネの通りに物事をジャッジしてしまいます。**

同じ出来事が起こっても、赤い色メガネをかけている人は「赤だ！」と思い、青い色メガネをかけている人は「青だ！」と思います。

つまり、どんな色メガネをかけているかによって、「物事の受け止め方」や「反応」がまったく変わってしまう、ということなんですね。

さらに、私たちはこの一連の反応を、ほぼ無意識でやっていると言われています。何かの出来事が起こった瞬間、「赤だ！」とか「青だ！」と反射的に思ってしまうというわけです。

反射的に自動で思ってしまうことから、この現象は「**自動思考**」と呼ばれます。

私たちは例外なく、誰もがこの色メガネを持っていて、自分の世界を色メガネを通して「赤に見える！」「青に見える！」などと言っているわけです。

同じ出来事があっても人によって受け取り方が違うのは、この色メガネが人それぞれ違うからなのですね。

ここで、**「どんな色メガネかによって、世界がどれほど変わるのか」**について、わかりやすい例をご紹介します。

「自分は愛されていない」という色メガネをかけた女性がいるとしましょう。

この女性から少し離れたところに、知り合いの別の女性が2人登場しました。こちらをチラチラ見ながら、何か話をしています。

すると、「自分は愛されていない」色メガネをかけている女性は瞬間的に、「あれ？私もしかして嫌われてる？　どうしよう、何か悪いことしたかな……」と一気に不安が押し寄せてしまいます。

さて、同じ状況で「自分は愛されている」という色メガネをかけた女性がいたとし

人はそれぞれの色メガネを通して世界を見ている

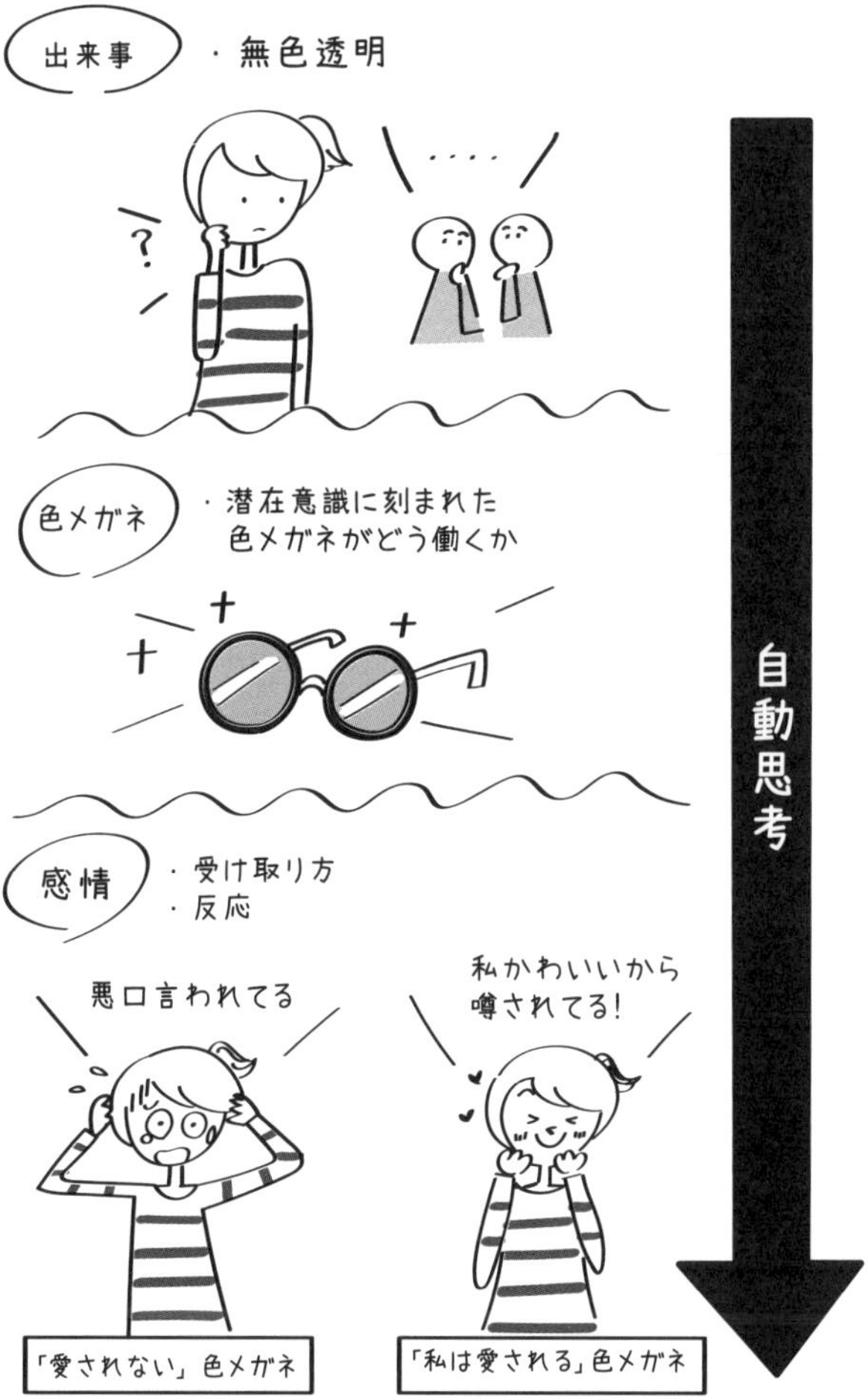

たら、こんな反応になります。

「あら、私のこと見てる♡　今日の服買ったばかりなの、もう気づいちゃった？」とほほ笑み、自分から「こんにちは～！」と明るく挨拶するかもしれません。

「自分は愛されていない」色メガネの女性は、近寄っていくどころか、無意識にオドオドしてしまったり、その人たちを避ける行動を取ることもあるかもしれません。

現実に起こっている出来事は、「少し離れたところにいる2人の女性がこちらを見て話している」という事実だけなのに、**かけている色メガネによって、受け止め方、湧いてくる感情、行動がまったく違いますよね。**

「愛されていない」色メガネをかけている女性は「愛されていない」と感じ、「愛されている」という色メガネをかけている女性は「愛されている」と感じ、それぞれが自分の感情に沿った行動をする。

こうしたことを、一瞬のうちに「自動的に」行ってしまうんです。

これがSENくんの力です。

SENくんには「善悪を区別しない」という特徴がありますから、どんなにネガティブな思い込みでも、あなたが強く思い込んでいれば、それを最優先して感じさせてきます。

どっちの色メガネをかけているほうが幸せで、人生がスムーズだと思いますか？
「自分は愛されている」色メガネをかけているほうは、極端な例にしたかったのでナルシストっぽいですけど（笑）。でも、すごくハッピーな感じですよね。

どんな色メガネを持っているかで日々の出来事の感じ方が決まってしまうのなら、それが積み重なっていくと、人生さえも色メガネ通りになってしまうことがおわかりいただけるでしょうか。

ちなみにSENくんには、まったく悪気はありません（笑）。

「その思い込みが強いんだね！　じゃあ色メガネにしていっぱい味わわせてあげる♡」といった感じです。潜在意識は善悪の判断をしないので、とにかく**「思いが強いほう」を勝手に色メガネにしてしまう**んですね。

人は無意識に「色メガネ」通りの行動を取ってしまう

自転車をこぐ、歯を磨くなどの行動は「無意識」で行われる、ということをお話ししました。

SENくんはそうした日常的な行動だけでなく、**自分の中に刻まれた色メガネ通りの行動をあなたにさせてしまいます。**

例えば、先ほどの例でも出ましたが、同じことが起こっても「愛されない」色メガネをかけている人はオドオドしたり人を避けたりしますが、「愛される」色メガネをかけている人は堂々と話しかけに行く、という行動に出たりしていましたね。

でも、「愛されない」色メガネの女性は、**なにも自分の意志で「オドオドして人を**

避けよう」と思っていたわけではなく、ほぼ無意識で「愛されない」が「行動」に出てしまっていたということなんですね。

色メガネは現実の出来事に対して反射的に思考する「自動思考」の働きがあるとお話ししましたが、**思考だけでなく行動さえも、どんな色メガネが入っているかで「自動的に」変わってしまう**のです。

これを説明するのに、わかりやすい例をご紹介します。

昔、私の知り合いで、背が高くてものすごいイケメンの男性がいました。どこから見てもハンサムだよねと誰もが認めるのですが、なぜかまったく女性にモテなかったんですね。

理由は簡単で、その彼自身が自分のことをイケメンだとはまったく思っていなくて、さらにいろいろな面で「自分はダメだ」と思い込んでいるフシがありました。

すると、それが態度に現れるというか、若干猫背でオドオドしていて、「僕なんか……」が前面に出てしまっていて、気遣いとかアプローチの仕方もヘタだったんです。そりゃ、女性にはモテませんよね。

「自分はイケメンではない」「自信がない」「自分はダメだ」そんな彼の色メガネが行動に、態度に、雰囲気に、すべて出ているようでした。

ただ、彼だって**「そうしよう」と思ってそうしていたのではなく、「そうなってしまっていた」**というのが本当のところだと思います。誰だってわざわざ魅力がないように振る舞う人なんていませんよね。彼のケースは、思い込みの色メガネに引っ張られて、**行動が「意図せず」「無意識に」色メガネのまま出てしまっていた**典型的な例と言えるでしょう。

あなたにも思い当たることはありませんか？

本当はもっとうまく振る舞いたいのにできない、本当はあの人みたいにしたいのにできない、そしてなぜか、いつも同じような結果になるということが。

それはまさに、あなたの中に刻まれた「思い込みの色メガネ」通りの行動を、あなたが無意識に取ってしまっていたからかもしれません。

人は色メガネ通りの行動を、無意識つまり「自動的に」取ってしまう。思考だけではなく、行動もSENくんに支配されていることがご理解いただけたでしょうか。

私たちはどんな色メガネを持っている？

さて、私たちは具体的にいったいどんな「人生の色メガネ」を持っているのでしょうか？

人生の色メガネとは、潜在意識に刻み込まれた強い思い込みです。

ここでは、**人生の根幹に関わってくるようなネガティブな思い込み**を見ていきましょう。だいたいの人が大なり小なり、ネガティブな色メガネを持っています。

- **私には価値がない**
- **私は愛されない**
- **私は人に比べて劣っている**
- **私はダメだ**

・私はいつもお金が足りない
・絶対に失敗してはいけない
・人に負けてはいけない
・私は間違っていない
・私は人から軽く扱われる存在だ
など

これらの強い思い込みは、私たちが知覚できない「SENくんの中に刻まれている色メガネ」ですから、自分自身は気づいていないことも多いのです。

人生の色メガネは、1人でたくさん持っているのが一般的です。

そしてそれは、「幼少期にどんな経験をしたか」でほぼ決まると言われています。

前世の深い傷の記憶などが残っている場合もありますが、幼少期の大人の言動や友達の言葉、環境などに影響を受けることが圧倒的に多いとされています。

また、大人になってからも環境によって、新たなネガティブな色メガネが作られることもあります。

言葉は悪いですが、「洗脳」のように色メガネが出来上がっていく感じですね。

- **あなたはダメな子と言われる　→　「私には価値がない」色メガネ**
- **無視や無関心にさらされる　→　「私は愛されない」色メガネ**
- **常に人と比べられる　→　「私は人に比べて劣っている」色メガネ**
- **失敗したらひどく叱られる　→　「失敗は許されない」色メガネ**
- **世の中には悪い人が多いと教わる　→　「他人を信用できない」色メガネ**

など

これらはあくまで一例ですし、絶対にこの通りになるというわけではありません。わかりやすくするために極端な例を出しています。

この例のように、特定の言葉を言われ続けたり、同じような経験を繰り返し体験したりすることで、**人間はそれが真実でなかろうが、ポジティブだろうがネガティブだろうが、「自分はそういう人間なんだ」と思い込んでしまう**ようになるのです。

それが、SENくんの中に刻み付けられ、SENくんお手製の「思い込みの色メガネ」が完成するわけです。

真実であろうがなかろうが、SENくんにその「強い思い」が入るだけで、そういうふうに自分や世界を見てしまうようになるって、とんでもないシステムですよね。

例えば、標準体型の子が「デブ」「太り過ぎ」などと周りに言われ続けたら、その子はどんなにやせても自分を「太ってる」と思ってしまうようになるでしょう。**事実とは違うことさえ、無意識に「自分の中の真実」として認定してしまう**わけです。

さて、ここで「**あなたがどんな色メガネを持っているのか**」**を簡単に知る方法**がありますのでご紹介します。

カギになるのは、「何度も繰り返されてきた同じような問題」です。

SENくんには「トラウマの傷を繰り返す」という特徴があります。どこへ行っても同じような問題が起こる、同じような人が現れる、という経験はありませんか？

例えば私の場合は、もう子どもの頃からずっと続いていたんですが、どこへ行ってもどんな状況でも必ず「私のことをナメてくる人」が出現していました。しかも、大人になるにつれ、その「人をナメる力が半端じゃないラスボス」みたいなのが出てきたりして、もう大変（笑）。

実は私は、幼少期～小学生時代にいじめを受けた経験があり、友達だけでなく先生からもひどい仕打ちを受けたことがあります。

そういう経験から、「自分は人にナメられる人間だ」「馬鹿にされる存在だ」という強い色メガネが出来上がっていたようで、ずっと「私はナメられる」という前提で生きてたんですね。自覚は全然なかったのですが。

「私はナメられる」色メガネが入っていたので、人前に出るとオドオドしたり大きな声で話せなかったり、とにかく弱気でした。**色メガネ通りの行動を無意識に取ってしまうSENくんの働きが前面に出ていたん**ですね。

さらに、そこにマウンティングマックスみたいな人が登場するので、「そんな失礼なことする？」ってくらいナメられました（笑）。

今は色メガネの存在がわかったのでだいぶ良くなりましたけど、長年同じような思いを何度も何度も味わってきたんです。

こんなふうに、「昔から繰り返されてきた問題」や「同じようなタイプの人に悩まされる」という出来事から、自分にどんな色メガネがあるかを知ることができるんです。

これを知らなければ潜在意識を書き換えることができない、というわけではありませんが、興味のある方は一度振り返ってみると発見があっておもしろいですよ。「今まで知らなかった自分の思い込みに気づく」というだけで、自分という人間を客観的に見られるようになり、視点もガラッと変わってきたりしますから。

ただ、ここで覚えておいてほしいのが、**「強い色メガネ」はこれまで私たちがさまざまな経験をしながら頑張って生きてきた中で、「知らないうちに」蓄積されてきたもの**ということです。

誰だって、「愛されない」とか「お金が足りない」色メガネを自発的に持とうなんて思わないでしょう。

だから、**たとえ今、あなたが自分の望まない色メガネを持っていたとしても、それはあなたのせいではない**のです。望まない色メガネを持っているのは悪いことではありませんから、これに対して悲観したり、ご自身を責めたりしないでくださいね。

この本に出合ったという時点で、もうその色メガネからは卒業しますということですから、安心して読み進めていってください。

SENくんの働き②　色メガネの世界を現実創造する

SENくんには、もう1つの強烈な力があります。それは「現実創造」の力です。

前項でご紹介した「色メガネ」。これは、SENくんの中に刻み込まれた「強い思い込み」というお話をしました。

実は**SENくんには、この色メガネを「現実化」させる力があるの**です。「ヒィ〜」って感じですよね（笑）。


【現実創造の例】
- **「私は愛されない」　↓　愛してくれない人を創造**
- **「いつもお金が足りない」　↓　お金がなくなる現象を起こす**
- **「何をしてもうまくいかない」　↓　失敗を繰り返してしまう**

・「私は太っている」↓　実際に太るし、「太い」と言ってくる無神経な輩《やから》も量産（笑）
・「私は人にナメられる」↓　とんでもなく失礼なことを平気でする人を創造

など

わかりやすいのでネガティブな例だけを書きましたが、ポジティブなものももちろんあります。例えば「私はお金に困らない」思い込みの色メガネは実際にお金に困らない現実を創り出しますし、「私は愛される」という色メガネはどこに行っても愛されるという現実になります。

ポジティブだろうがネガティブだろうが、「SENくんの中に一番強く刻み込まれている思い込み」が現実化されていきます。

SENくんからしたら、「だって『愛されない』を一番強く信じてるみたいだから、もっと欲しいのかと思って創ってあげ

たんだよ♪」といった感じでしょうか。

SENくんは色メガネで私たち1人ひとりの世界の色を変えるだけでなく、色メガネ通りの現実まで無邪気に創ってしまうんですね。「愛されない」という思い込みが、「愛されない」現実にまで発展してしまう。

強く信じている思い込みというのは、自分の人生に起こる出来事さえ決めてしまうというわけです。

ここで、SENくんの現実創造がよくわかる例を出しましょう。

恋愛がうまくいかない女性で、DV（ドメスティック・バイオレンス）をする男性とばかりと付き合う人がいました。「どこでそんな男を見つけてくるの？」というくらい、揃いも揃ってDV男。

これは、**その女性の潜在意識の中に、「私は虐げられる存在だ」という、本人もまったく自覚していない強い思い込み＝色メガネがあったから**です。

自分を虐げてくる存在＝DV男をわざわざ創り上げて、「私は虐げられる」という色メガネ通りの感情を味わっていたんですね。

これは、先に述べた私の経験「私はナメられる存在だ」という色メガネと同じですね。私が「ナメられる」と強く信じていたので、私のことをナメたり馬鹿にしたりする人が人生に何度も何度も現れていました。まさにこれは、「ナメられる色メガネ通りの現実」をSENくんが創造した結果なわけです。

潜在意識といえども自分の意識ですから、無意識に自分で創って、自分で味わう**自作自演をやっているようなもの**ですね。

私たちは皆、毎日これと同じようなことを、まったく自覚なしに繰り返しているんです。

SENくんは「証拠集め」が大好き

もう1つ、SENくんについて見ていきましょう。

無邪気なSENくんが大好きなものがあります。それは「証拠集め」。前項で、SENくんは思い込みの色メガネを現実にまでしてしまう、というお話をしました。

私たちはSENくんが創った現実を見るたびに、「あーあ、また失敗した」「また嫌われた」「やっぱりダメなんだ」「なんで、いつもこうなんだろう」などと「やっぱり自分は○○だ」という思いを重ねていきます（ポジティブなものもありますが、わかりやすくネガティブな例で説明していきます）。

例えば、「愛されない」色メガネを持っている人が、人に冷たくされる現実を見て、「やっぱり愛されない」と実感したり。よくありますよね。

SENくんは、それを見るのがとにかく好きなんです。「愛されない証拠、みっけ！」と言わんばかりに、どんどんその思いを潜在意識の奥の奥まで深く刻みつけていきます。

このときのSENくんは、こんな感じです。

「ほらね、やっぱり、僕が創った通りでしょ。色メガネの現実を完璧に創って、たっぷり感じさせてあげたよ！　今また愛されない現実を見て、より一層思い込みが強くなったね。よーし、じゃあ今度はもっとすごいの創ってあげるから！」ニコニコ♪

（悪気なし）

そしてSENくんは、さらに強力な「愛されない現実」を創っていきます。それを見て私たちは「あ～、またただ。また愛されない」と嘆き、思い込みを強めていきます。これはどこかで気づかない限り、終わることのない無限ループです。

ほらね、やっぱり
愛されない
愛されない
愛されない

そうやって、「思い込みの証拠」を何度も何度も現実で見せられていくうちに、私たちはどんどんその思い込みを「確固たる真実」として自分の中に確立していきます。

最初は「小さな思い」くらいだったものが、やがて「確信」になって、さらには「信念」になって、それがその人の「人生の軸」となってしまう、なんてことも起こってくるんです。これらもほぼ無意識で行われます。

私たちが今持っている色メガネも、こうして作られてきました。

ここで1つ、強い色メガネを持っていた人の例を出します。

私がかつて勤めていた会社の同僚で、小柄でとてもかわいい女性がいたのですが、その子は自分の母親から、「かわいいと言ってくる男性は、あなたを利用しようと寄ってくるのだから信用してはいけない」と、子供の頃から繰り返し言われ続けたらしいのです。

そのお母さんにしてみれば、「変な虫がつかないように」という親心だったのかもしれません。

でも、私や会社の人たちがその子に「かわいいね」とか「それすごく似合うね」と本心から言っても、首を横に振り決して信じてくれず、男性のみならず女性からの褒め言葉さえ受け取ることはありませんでした（めっちゃモヤモヤしました・笑）。

彼女には、**「かわいいと言ってくる人は信用してはいけない」という「強い色メガネ」があり、人を信じることができなくなっていた**んですね。

この例の彼女の場合は、「かわいいと言ってくる人は信用してはいけない」という思い込みでしたが、もし「私は愛されない」という思い込みの色メガネが知らず知らずのうちに、自分の人生の軸になってしまっていたら……。

こんなに悲しいことはないですよね。

潜在意識にどんな色メガネが入っているかで人生が決まる、と言っても過言ではありません。

思い込みの色メガネを自分の望むものに変えていくことは、人生において最も優先してほしいくらい重要なことなんです。

成功法則は多いのに成功者が少ない理由

ここでは、5%の顕在意識と、95%のSENくんの力の差を説明していこうと思います。先に触れた、海に浮かぶ氷山のイラストを思い出してください。私たちが知覚できるのはたった5%の顕在意識だけで、人生を支配しているのは知覚できない95%のSENくんのほうだとお話ししました。

自分の願いを叶えたいな〜と思ったとき、それは顕在意識が願っていることなんですね。例えば「お金持ちになりたいな」と思ったら、それは5%の顕在意識で思っていることになります。

しかし、**意識の95%を占める潜在意識のSENくんが「お金持ちになるのは無理」と思っていたら、どうなるでしょうか？**

これまでの説明で、だいたい予想はつくと思います。

いくら顕在意識で「お金持ちになりたい！」と願ったところで、しょせんは5％の力。95％の力を誇る**SENくんの中に「お金持ちになるのは無理」という強い思い込みの色メガネがあったら、現れるのは「お金持ちではない現実」**ですよね。

この顕在意識と潜在意識の関係は、下図のような人間と馬のイラストでよく例えられます。5％の顕在意識が人間、95％の潜在意識が馬です。

お互いに正反対の方向に引っ張り合っていますが、人間が馬の力にかなうわけがなく、人間（顕在意識）は「こんなに

願ってるのに、なんで叶わないんだろう?」と苦しみながら引っ張り続けるという構図です。

5%の顕在意識も95%の潜在意識も自分の意識ですから、自分でブレーキを思いっきり踏みながら「なぜ進まないんだろう?」とずっと同じ場所から動けない、という「1人コント」をやっているようなものなんです。

SENくんの中に刻まれた「お金持ちになるのは無理」という色メガネをそのままにして、顕在意識の気合だけでお金持ちになろうとしても、ものすごく難しいことがおわかりでしょうか。ヘタをすると、引きずり回されてボロボロにされそうですね。

世の中に、成功法則に関する本や情報がたくさんあふれていても、成功できる人がひと握りしかいないのは、この「顕在意識と潜在意識が逆を向いていること」が原因の多くを占めているからかもしれません。

では逆に、**5%の顕在意識と95%のSENくんが同じ方向を向いていたとしたら、**

どうなるでしょうか？

顕在意識は「お金持ちになりたい」、そしてSENくんにも「自分はお金持ちである」という色メガネが刻まれたとしたら。2つの意識が一緒になって100％の力を発揮しながら、夢に向かって走っていくことができるとは言えないでしょうか。

「お金持ちになりたい」という顕在意識の願いが、SENくんのパワーを借りてすごい勢いで現実化されていくはずです。

こうなると、5％の顕在意識だけで健気《けなげ》に頑張っていたときからは想像もつか

ないくらいの速さで、物事が展開していきます。望み通りの現実が、SENくんの力で創られていくのを実感するでしょう。

この本で私が一番言いたいのは、ここなんです。**5%の顕在意識だけで頑張るのをやめて、先に95%のSENくんの「思い込みの色メガネ」を変えたほうが、ずっとラクに願いを叶えることができる、だから思い込みを先に変えよう！**　ということです。

SENくんの働きを簡単におさらいしてみましょう。

- **反射的に、色メガネ通りの思考をしてしまう（自動思考）**
- **無意識の行動まで色メガネ通りに支配**
- **色メガネ通りの現実を創る**

では、これらすべてが、「自分はお金持ちである」という色メガネに基づいたものになったら、どうなると思いますか？

起きる出来事に対して「自分はお金がある」「豊かである」と反射的に感じる、無意識の行動がお金持ちのそれに変わる、そして現実までもが「お金持ちである」という色メガネ通りになるわけですよね。

SENくんが勝手に現実を創り出し、あなたの無意識の意志や行動までもが、その願いに沿ったものに変わります。

つまり、SENくんの強力な力を得て、「勝手に」「自動的に」夢が叶っていく状態になる、というわけです。

本書のテーマである「**全自動で願いが叶う**」とは、このことなんです。

冒頭でも少し触れましたが、SENくんの色メガネを変えるのに使うのは、「言葉」です。**言葉でSENくんの色メガネを変えることで、「自動的に」何もかもが変わっていく**。これが、この本で一番伝えたいことです。

もしSENくんの仕組みがややこしくて理解できない、という方がいても、ここだけを覚えておいていただけたらOK！

「**言葉で色メガネを変えれば、勝手に、自動的に願いが叶っていく**」のです。

YOKOのおまけウラ話

1

「人間の欲望～ラスベガスの洗礼」

私はラスベガスが大好き。カジノ・高級レストラン・室内遊園地……。きらびやかで贅《ぜい》を尽くした砂漠の中のリゾート。

私がラスベガスに惹《ひ》かれるのは、人間の欲望を隠さない街だから。

特にカジノは、人が内に秘めている「お金が欲しい！」「楽して儲《もう》けたい！」という願望を、提供する側も利用する側もさらけ出しています。

これぞ人間！　これぞ地球の醍醐味！

そんな私がラスベガスに旅行したときのことです。キスチョコで有名なHERSHEY'Sの工場を訪れました。

数十種類のキスチョコが量り売りされており、子供たちと遊びながら袋に詰めていたら、うっかりけっこうな量を床に落としてしまいました。

すぐに店員さんがやって来て、「すぐ片づけるんで大丈夫！」とサッとほうきで集めて捨てていきます。

銀紙に包まれているのに、もったいな～いと思ったのですが、コロナ禍なので仕方ないのかな。

気を取り直してチョコを詰めてレジへ。ところが合計金額を見て驚愕！　なんと40ドル（約4500円）!!

スーパーで買ったら10ドルもしない量。こ、これが欲望の街か～～！

いやいやいや、でもさっき、床に落ちたやつをなんの躊躇《ちゅうちょ》もなく捨ててたよね？

アタシ、それと同じものに40ドルも払うの!?　ちょっと欲望が強すぎやしませんか？

欲望の超高級チョコ

欲望を受け止める覚悟もできてなかった私が、ラスベガスの洗礼を受けた出来事でした。

それ以来、キスチョコはわが家では「超高級チョコ」として君臨しています（笑）。

第2章

自分のことが嫌いでも、ネガティブでも大丈夫

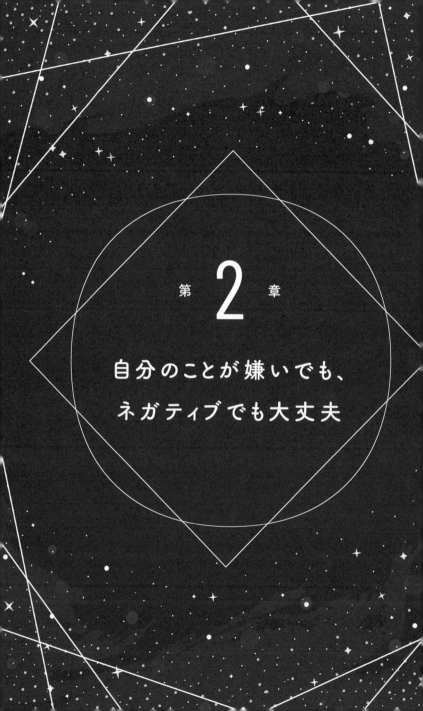

積極的に自分を愛さなくたっていい

さて、この章では、スピリチュアル界隈《かいわい》で願いを叶えるのに必須と言われている「自分を愛すること」「ワクワクすること」「ネガティブではいけない」という3つの事柄について、私の体験に基づくお話をしていこうと思います。

私のYouTube動画を見てくださっている方ならご存じかもしれませんが、私は超ポジティブとか、自分に自信があるようなタイプではありません。**どちらかというと自己肯定感が低めで、すぐにいろいろなことにつまずいてしまう人間**です。

そんな私でも、潜在意識のことを知ることで願いが叶ってきました。そして、この本を読んでいるあなたも、間違いなく同じようにできます。

この章では、自分のことが好きになれなかったり、どうしてもネガティブになってしまったりする方へ、同じような思いを持っていた私の体験談をお話ししていきたいと思います。

「自分自身を愛しましょう」

これはスピリチュアルや引き寄せの法則で重視されることだと思います。

以前は私もこの鉄則にしたがって（もちろん納得していたからですが）、自分を愛そう愛そうと努力していましたし、自分のYouTubeチャンネルでも伝えていました。それは本当に、人生を軽やかに生きるために大切なことだから。

でも、実際にやってみると。**「あれっ、どうやって自分を愛せばいいの？」と思ってしまって……（笑）**。

「自分の愛し方」がわからなかったんです。

他人に対してすら「愛してる」と言える人なんて数えるほどしかいないのに、自分を愛するって？

「そもそも誰かを愛するときは、愛そうと思って愛すわけではなく、いつの間にか大好きになっていた、というのが自然な流れでしょ？」と思っちゃったんですよね。

もちろん、なかにはちゃんと自分を愛せて、他人も愛せる方もいると思います。それに越したことはないし、理想です（そして超絶うらやましい・笑）。

でも、当時の私には途方もない話でしたね。

だって、**私の中のSENくんに深く深く刻み込まれた色メガネは「自分のことが大嫌い」でしたから。**

5%の顕在意識で「自分を愛そう」と頑張っても負けちゃって、すごく苦しくなってしまったんです。先ほどの馬と人間が引っ張り合うイラストの状態を、まさに私もやってしまっていて、ボロ負けしました（笑）。

もともと私は、小さな頃から自分をあまり好きではありませんでした。なんでそんなに自分を好きじゃなかったのか、今ではもうわかりませんが、とにかく自分だけは認めない、自分だけは許さないという気持ちがものすごく強かったんですね。

自分を嫌いなのがあたりまえすぎて、スピリチュアルな世界を知るまでは「自分を愛そう」なんて思いついたこともありませんでした。

今だって、そんなに愛してるとまでは言えないです。「まぁ、ちょっと好きかな〜」「私って、けっこう悪くないんじゃないの?」っていうくらい。

これでも「大嫌い」だったときと比べれば、かなり自分を認められるようになりました。でも特に、自分を「愛そう!」「好きになろう!」とか意識してやったわけではありません。

第3章でご紹介するメソッドを実践することで本当に自然に、いつの間にか自分のことも認められるようになってきた、という感じなんです(こちらの体験談は第3章で詳しくご紹介します)。

とはいえ、**今でも「やっぱり自分はダメだ」と急に自信がなくなって、たまに気持ちがド〜ンと落ち込むこともあります。**

特に大きなお仕事が舞い込んだときなど、進んでいくうちに急に怖さを感じてしまうこともあり、「うまくできなかったら愛されない」「失敗したら人生終わりだ」みたいな強～い思い込みがやってきて、人知れず大泣きすることもあるんですよ。

「私、自己肯定感低いな～！」って自分でびっくりすることもあります（笑）。

でも、それでも、私の人生は望む方向に大きく変わっているんです。**自分を愛さなければ願いが叶わないなんてことはない**な、というのが実感としてあります。

だから、無理に自分を愛そうとか、好きになろうとか、完璧であろうとしなくても大丈夫。むしろ私は、「自分を好きになれない」という苦しさを背負いながら、健気に願いを叶えようとしている人が大好きです。

本書のメソッドを実践することで必ず好転していきますし、そういう人こそ、これからの人生が最高に楽しくなりますよ。

「ワクワクしよう」が苦手だった私

「ワクワクすれば願いは叶っていく」というのも、スピリチュアルの世界では常識とも言われるメソッドです。本当にその通りで、メソッドとしては正しいと思います。

でも、**私はこれも非常に苦手でした……**（できないこと多い・笑）。

私、ワクワクすることって、日常生活であまりないんです。逆に、ずっとワクワクしている人がいたら、ちょっとやり方を教えてほしいくらい。

普通に地球で生きていたら、イヤな人はとっかえひっかえ現れるし、予想もしないことが起こるし、何もなくても漠然とした不安があったりするし。

そんな中、「常にワクワクする」ってなかなかのものです。一瞬ならできても、すぐに戻ってしまう……。私はそれを繰り返してきました。

でも、潜在意識のことを知ってからは、**もうそんなに無理して自分の気持ちを上げようとしなくてもいい**と気づきました。

一度潜在意識が書き換われば、ベースにある色メガネが「願いが叶った後の状態」になるので、**「勝手にワクワクすることが起こる」「勝手に物事が思い通りに進む」ということが起こってくる**んですね。

また、考え方や視点もガラッと変わりますから、かつてはネガティブに捉えていたことが、なんとも思わなくなったり、「こういうことがあるから人生は楽しい」くらいに、嫌なことすらも楽しいイベントとして受け取ったりもできるようになります。**「ワクワクしよう」としなくても、「勝手にワクワクしている」状態になることができる**んです。

だから、先にやるべきは「ワクワクしよう」ではなくて、**SENくんの中に刻まれている色メガネを、自分の都合の良いように、何が起きてもワクワクできる状態にな**

るよう変えていくことです。

5%の顕在意識と95%のSENくんが一緒になって100%になった馬のイラストを思い出してください。たった5%の顕在意識で頑張るよりも、2万倍のパワーを持つSENくんの力を借りたほうがずっとラクに、ずっと簡単に、思い通りの現実を創れるようになるんでしたよね。

SENくんの色メガネを変えずに表面だけワクワクしようと頑張るのは、例えるなら体に大きな傷があって血が出ているのに、それを無視して笑ってる、みたいな感じです。「いや、その傷を治療するのが先だよ!」って誰もが思いますよね。傷が治れば、無理した笑顔でなく、心からの笑顔が自然に出るはずです。

だから、苦手な人は別に無理して「ワクワクしなくていい」ってことを私は伝えたいです。色メガネを書き換えて、「勝手にワクワクしちゃう状態」を作るのが先。そっちのほうがずっと心地良く、願いを叶えていくことができるんです。

ネガティブでも願いが叶う人の特徴とは？

世の中にいる願いを叶えてる人たちは、みんな波動が高くてポジティブで素敵な人たちなのでしょうか。

いやいや、違いますよね。

もちろん、そういう人たちもたくさんいますが、そんなに性格が良い人じゃなくても（言ってしまえば悪人みたいな人でも）、自分の思った通りに人生を歩んでいたり、恵まれた人生を歩んでいたりする人も大勢いますよね。

あなたの周りを見回してみると、どうですか？

性格が悪くても、ネガティブでも、仕事で成功したり人に恵まれたりして、大金持ちになっている人や、トントン拍子に成功して見える人はいませんか？

逆に、すごくいい人なのに、なぜかいつも不幸があったり、まったく思い通りの人生を歩めていなかったりする人も、やはり少なからずいます。

今までいろいろな人と関わってきましたが、**いい人だからって絶対に願いが叶うわけではないし、逆にネガティブだからって願いが叶わない、というわけでもない**んだなと実感しています。

では、「願いが叶う人と叶わない人」っていったい何が違うのでしょうか？

私の考えでは、**自分のネガティブな部分を認めているかいないかの違い**だと思うんです。

私たちは誰もが、ネガティブな部分を抱えています。どんなにポジティブに見える人だって、必ずなんらかのマイナス部分はあると思うんですね。それが人間ですし、いたって普通のことです。

問題は、その自分のネガティブな部分を「自分でどう思っているか」。

例を出すと、こんな感じです。

・ネガティブだから、「私はダメだ」
・ネガティブでも、「そんな私も人間らしくてかわいい」

どうでしょう？
自分のネガティブな部分を自分でどう捉えているかで、気分がずいぶん変わってくると思いませんか？

本来、**ネガティブというのはただの特徴でしかなく、もともと良いも悪いもありません。それを自分がどう捉えるかですべてが決まってきます。**
この「自分がどう捉えるか」、その基準を決めているものはなんでしたっけ？

そう、「思い込みの色メガネ」です。

「自分はネガティブだからダメだ」という色メガネを持っていると、ネガティブな自分を認められず、無意識に自分を責めてしまいます。

自分を責めると積極的に行動できなくなったり、「自分なんてどうせダメだ」という思いが強くなってしまうので、願いが叶いにくくなってしまうんです。

スピリチュアルな世界では、「あなたはそのままで完璧な存在だ」ということがよく言われますが、まさにこれを自分でどれだけ思えているか、です。

「完璧」とまでは思えなくても、「ネガティブなところも自分らしくていいよね」と思えたら、そのネガティブな部分はポジティブに変わってしまいます。**自分の欠点（と思い込んでいるところ）を自分で認めると、それはもう欠点ではなくなり、「自分らしい個性」になる**んです。

「ネガティブだからこそ私」。ネガティブでも性格が悪くても願いを叶い続ける人は、自分のネガティブを個性として捉え、自分を受け入れているから成功しやすいのでは、と私は思っています。

逆に、自分にネガティブな部分があったとして、それを自分で否定してしまったら、それはそのまま「ネガティブ認定」され、「自分のダメなところ」として認識されてしまいます。

SENくんの中に刻まれている色メガネを書き換えていけば、自分の欠点と思っているところも勝手に認められるようになっていきます。

「ネガティブなところがあってもいい、これが私だから」と、そのままの自分を受け入れられると、願いが叶うどころか人生が激変していきます。

色メガネ、もう本当さっさと変えていきましょう！

心に闇があるからこそ光を感じられる

さて、ちょっと方向を変えて、ここでは少し「どスピ」な話をしていきます。

スピリチュアルに詳しい方ならご存じだと思いますが、**もともと私たちの魂は「宇宙の源」から分離して、この地球にやってきた**と言われています。宇宙の源＝ソースエネルギーと呼ばれるものから、1つひとつの魂に分かれてやってきたんですね。それぞれのエネルギー（私たちの魂）はいろいろな星に行くのですが、地球を選んだのは自分自身だと言われます。

私たちが地球を選んだのは、**さまざまな経験を通して魂を成長させるため**です。そして、「コントラスト」を体験しに来たのです。

コントラストとは、白と黒、快と不快、光と闇といった「対比するもの」です。肉体を持たず、魂の存在だった頃には決して体験することができなかったコントラストを、私たちはこの地球に経験しに来たのです。

悲しみがあるから喜びがあり、闇があるから光があり、不運があるから幸運や幸福をより強く感じることができる――。

これらは、地球ならではの体験なのです。

寒い中を歩いて家に帰ってきて、温かいおふろに入った瞬間、「は～、生き返るわ～」と感じるのと同じです。きっと外が寒くなかったら、おふろに入ってもありがたみをそんなに感じないのではないでしょうか。

つまり、人生においてイヤなことや不幸なことが起こったとしても、それはその対極にある幸福を味わうための伏線でしかない、ということです。

今まで願いが叶ってこなかった、つらい出来事が多かった、生きづらさを感じてきたといった経験をしてきた方には、**そのぶん大きな喜び、大きな幸せを感じられる未来が待っている**んです。

「振り子の法則」をご存じでしょうか。人生には逆境と思えるほどつらい状況もありますが、その時期が終われば必ず、それと同じくらいの振り幅で良いことがやってくる――。人生とはその繰り返しであるというお話です。

まさにコントラストですね。

この本を手に取った時点で、あなたの振り子は加速度的に良いほうに向かっていますが、いずれ振り子がまた「逆境」とも思えるほうに行ったとしても、大丈夫。

これから物事に対する「捉え方」（色メガネ）を潜在意識の中からガッツリ書き換えていくわけですから。

かつては「イヤだ」と思っていたことでも、いつの間にか華麗にスルーできるようになっていたり、「この経験から何を学ぼう？」という視点が生まれたりします。

色メガネがポジティブになると、「自動的に」物事もポジティブに見え、ポジティ

ブに考えるようになります。そして、その通りの現実が創造されていく。それがSENくんの働きでしたね。

おもしろいのは、一度完全に書き換わると、かつてネガティブに捉えていたその感覚がもう思い出せないくらいになることです。

例えば私は、YouTube配信で最初はすごくカッコつけていました。「きちんとしていなければ」「ふざけた話なんてしちゃいけない」「しっかり話さないといけない」と強烈な「思い込みの色メガネ」をいくつも持っていました。でも、続けているうちに息苦しくなってきたんです。だから自分でラクになれるように、本書のメソッドで色メガネを書き換えました。

そうしたら今はどうでしょう。「尿を限界まで我慢した話」とか平気でしちゃってるし（むしろ好き・笑）、そうした配信が楽しくて仕方ないんですよね。

今はもう、「あのときはなぜ、かたくなに自分を隠してたんだろう?」と不思議に思うほどです。

こんなふうに、**色メガネが根底から変わると、「なんで自分はあのとき、あんなに悩んでいたのか？」という感覚になり、同じことではもう悩まなくなります。**

悩まなくなるというか、本当に何も感じないんです。

この感覚、とてもおもしろいですよ。ぜひ一緒に体験していきましょう。

さて、ここまでで潜在意識の働きと、それが人生にどのような影響を与えるかを理解していただけましたでしょうか。

完璧にわかっていなくても、まったく問題ありません。**とにかく「思い込みの色メガネを変えていくこと」が最重要ポイントである、そこだけ理解していただければじゅうぶんです。**

次の3章では、いよいよ「潜在意識の書き換えメソッド」をご紹介していきます。

まずは、私が言葉を使って人生を変えようと思ったきっかけの出来事から、お話ししていきたいと思います。

YOKOのおまけウラ話

2

「アロマキャンドルにハマって」

私はいろんなものにハマるのですが、熱しやすく冷めやすいところがあります。

以前アロマキャンドルにハマったことがあって、けっこう集めたのですが値が張るので、「よしっ、自分で作ろう！」と決意しました。

ネットで材料をワクワクと買いそろえ、次々届く材料を見て「早く作りた〜い」と情熱マックス！

ところが、材料が全部そろい、いざ始めてみると……ロウの温度、量、アロマオイルの割合、タイミングなどなど、思ってたよりずっと手間がかかります。

「何コレ……？　めんどくさ……楽しくない……」

作業中に情熱が冷め始めるという、まさかの事態。

途中でやめるわけにもいかないし、でももう嫌……というジレンマの中、最後のほうは、いかに早く終らせるかが目的に……。

２時間かけて、数十個のアロマキャンドルがついに完成。

うん、見た目は悪くない。使ってみるといいにおい！

やっぱやって良かったかも〜と一瞬テンションが上がったのですが、作業工程で使った容器を洗うのがめちゃくちゃ大変。

「何コレ……？　めんどくさ……楽しくない……」

この気持ちを、こんな短期間にもう一度味わうとは（笑）。

洗うのを途中放棄し、絶対目につかない場所に、そのまま容器を隠すという暴挙に出た私。

おそらく引っ越す時に見つけて、「何コレ？」から始まり、事の顛末《てんまつ》を思い出すことになるのでしょう。

また黒歴史を作ってしまいました。というわけで、アロマキャンドルは完成品を買うのが一番！（笑）

実物。見た目だけはいい（笑）

第3章

たった一言で現実が変わる「言葉の力」

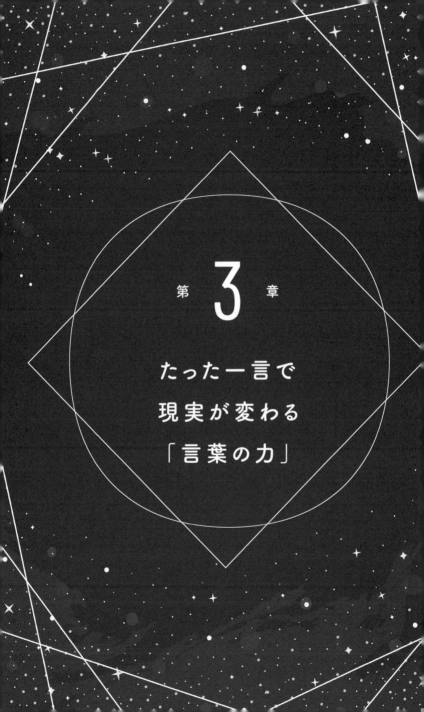

一家の大ピンチを救った宇宙最強の言葉

2021年のお正月明けのこと。
私の主人の体調不良が続きました。詳細は控えますが、「ちょっと楽観視はできないな」という状況であることがわかりました。

わが家には小学生の息子を筆頭に、3人の子供たちがいます。こんなことは考えたくないけど、「万が一、もしかしたら、主人が働けなくなるかもしれない……」という思いが脳裏をよぎりました。私1人ですべてを背負っていく可能性すらありました。
そのとき、**なんとしても「この現実を変えたい!」と強く思ったのです。**

その1年近く前から、現在のYouTubeチャンネル「YOKOの宇宙研究CH」を始めていました。その頃は、軌道に乗ってこそいましたが、登録者数や再生回数が伸び悩んでいた時期。アンチコメントに、ちくちく心を刺されることもありました。

ちょうどそんな時期と主人の体調不良が重なり、心境的には「崖っぷち」だったのです。

そんな私がすぐにできたこと。

それが、**「ありがとう」という言葉を唱えること**でした。

「ありがとう」という感謝の言葉が、いかにすばらしく波動の高い言葉であるかは、心理学や自己啓発に関する書物をたくさん読んで知っていました。

でも、「知識として知っていた」だけで、実生活には活かしきれていなかった

のです。

私は**もう1つの言葉、「豊かだ！」と合わせて、毎日毎日唱え続けました。**

もうワラをもつかむ思いで、車を運転しているとき、シャワーのとき、トイレのとき、料理を作っているとき、1人になれる時間はすべて「ありがとう」「豊かだ」を連呼していたのです。

そして、折しも世の中はコロナ禍ですから、外出時に歩きながらマスクの中でもブツブツと。

数えてみたら1分間で120回は言えることがわかりました。外から見たら変なヤツです。たぶん1日に1000回以上は「ありがとう」と言っていたと思います。

それを続けていると、まず割と早い段階で心の状態が変化してきました。**「絶対に大丈夫だな」という根拠のない自信が芽生えてきた**のです。

今から考えると、少しずつ「思い込みの色メガネ」が変わっていた頃なのだと思います。そして、その背景には何かに包み込まれるような「得もいわれぬ安心感」がありました。

「なんとかなるでしょ」という気持ちにもなりました。不安を手放すと、代わりに安心感が入ってくるような感じがしたのです。

すると、3カ月ほどたった頃、「本当に?!」というような嬉しい出来事が雪崩のように押し寄せてきたのです。

突然に始まった数々の「ありがたい」こと

家族の病気や経済的な不安があっても、言葉とともに「大丈夫だ」という気持ちで過ごしていたからでしょうか。

お金や仕事がすごい勢いで上向いてきたのです。

まずは、臨時収入が止まらなくなりました。

私はアメリカに住んでいるのでドルでもらうのですが、日本円にして10～20万円の臨時収入が月に何度もあるということが続きました。

具体的には、主人の会社からの臨時ボーナスだったり、国からの給付金だったり、不動産関係だったりです。

また、単純に人から物をもらうことが増えたり、思わぬサービスを受けたり、本来払うべきものが無料になったり割安になったりということが、とても多くなったんですね。

そして、さらにびっくりしたことに、**あるとき突然、その額が一桁上がったんです**。これはもう臨時収入の枠を超えてきたという感じで、「なんでもありの豊かさ」が本格的に流れ込んできたと思いました。

同時にYouTubeチャンネルの登録者数も伸び、本の出版オファーや、講演会のお話なども各所からいただくようになりました。

同じタイミングで人間関係も大きく変化してきました。

なんとなく違和感のあった友人とは、とことん合わなくなって縁が切れていき、その代わりに、すばらしい人たちと新たなつながりを持つことができました。

「こんな人と仲よくなれたらいいいな」と思っていた素敵な人たちが、向こうから来てくれるんです。

例えば、公園などで偶然に出会っちゃったりして、初対面なのに自然と連絡先を交換する流れになったりします。こんなことは今までなかったので、すごく嬉しい変化でした。

ほかにも、SNSで見ず知らずの人が貴重な情報を自らの体験とともに教えてくれるなど、私に必要な情報がどんどん入ってくるようにもなりました。

さらには周りの人が、何も言ってないのに優しい言葉をかけてくれるといったこともありました。彼らは私がYouTuberということはまったく知らない人たちです。

「ありがとう」と「豊かだ」という言葉を言い続けたことで、現実として「なんて、ありがたいんだろう!」「なんて、豊かなんだろう!」という感情を味わう出来事が、どんどん目の前に現れてきたのです。

これは私だからできたことでは決してなく、言葉の力によって誰でもできることです。私のYouTubeチャンネルの視聴者さんからも、言葉の力で臨時収入が舞い込んだというご報告を、たくさんいただいています。

「私は豊かな億万長者」と言い始めたところ、200万円が転がり込んだという方、「ありがとう」を言い続けて数カ月で突然、お義母さんから1000万円もらったという方もいました。言葉を変えることで、これだけのことが起こってくるんですね。

さらに、私が一番大きいと思ったのは、「心の変化」です。

以前はありがたいと思わなかったことに、涙が出るほどありがたいと思ったり、自分や周りの人たちだけではなくて、地球とか全人類の幸せを願うようになったんです。「こんなスケールアップする?」って思うくらい(笑)。

一連の出来事から、私は自分を取り巻いていることに感謝する「意識」が芽生えたのだと思います。

これに関しても、同じような体験をしたと、動画の視聴者さんからご報告がありました。

その40代の女性は、3年間引きこもりの生活をしていました。両親との長年の確執もあり、家での口論が絶えなくなったそうです。

ついに家を出ることになり、最悪の気分の中で、**ひたすら「ありがとう」を2時間言い続けたところ、目に入るものすべて、道端の木々や葉の1枚1枚、ネジくぎ1本にまで光と感謝の気持ちが湧いてきた**と言います。

すると、**あれほど頑固に思えた親の態度が変わり、なんと彼女に謝罪までされた**そうです。そんなことは期待していなかったのにです。

その後、**彼女は理想の職場も引き寄せて、ありのままの自分が好きだと自信を持って言えるようになった**そうです。

私が言葉の力を本格的に信じ、潜在意識との結びつきに気づいたのも、前述した数々の「ありがたいこと」がきっかけでした。

今では「私に大切なことを気づかせるために、すべてが起きていたのでは?」と思えるほどです。

その後、私は「どうすれば潜在意識に、より効率よく言葉が入るようになるのか」を試行錯誤しながら考え、後でご紹介するメソッドや、潜在意識の特徴を利用した

「書き換えをより加速する方法」などを実践してきました。

私のメソッドも、書き換えを加速する方法のほとんども、「言葉がベース」になっています。

言葉というのは目に見えませんし、そのときは何も起こっていないように感じますが、積み重ねることで間違いなく人生を変える力があると、私は確信しています。

寡黙な父が一変「感謝の人」へ

実は今から もう10年ほど前のことですが、私の父ががんになってしまいました。
昭和の男を地で行くような人で、病院も薬も大嫌い。寡黙で我慢強い性格が災いし、どうにも体調が悪いということで病院に行ったときには、大腸がんのステージ4と診断されました。

なんと翌日には緊急手術、という切迫ぶりだったのです。

父の突然のがん宣告に大きなショックを受けた母ですが、そのときから、父の体に対して「ありがとう、ありがとう、ありがとう」という言葉を送り続けたのです。

母は、私が幼少の頃から、目に見えない事象や精神世界のことが好きで、家にはそういった本もたくさんありました。

手術は無事に成功し、入院している間も母は父の体に手を当て、患部だけではなく他の臓器や細胞すべてに「ありがとう」と祈り続けました。

ちなみに父は、そういうことはまったく信じないというか、別に嫌いなわけでもないのですが、ふ〜んという感じで母の好きにさせていたようです。

そして10年。父のがんは再発も転移もなく、今もとても元気に暮らしています。

私が驚くのはそれだけではなく、**父と母の関係性が、それまでとはまったく違うものに変わってしまった**ことです。

あの寡黙だった父が、「お母さん、お母さん」って感じで、めちゃくちゃ仲がいいんですよね。たまに実家に帰ったときでも、私たちそっちのけで「お母さん！」(笑)。「私たち、まだいるんですが……」っていう感じで。

本当に昔の父からは考えられないくらいラブラブ夫婦です。母の誕生日にはお手製のメッセージカードに「ありがとう」、日常でもいつも「ありがとう」。

はたから見ても幸せそうな2人です。わが親ながら、理想的な夫婦だなあと思います。

父のこの変化、**あのとき母が唱えていた何万回という感謝の言葉が、父の心も体も「感謝の人」に変えてしまったんだろうな、**と私は密《ひそ》かに思っています。

10年前の父と母のこの体験があったことで、**私もわが家がピンチに陥ったとき、「この現実を変えるには言葉しかない！」と直感した**のだと思います。

思考ではなく言葉が現実化する

さて、では本格的なメソッドに入る前の下準備に入ります。毎日なにげなく使っている言葉がいかにパワフルであるか、人生すら変えてしまう力があることを説明していきます。

こうしてメソッドに使うツール（言葉）にどれだけ威力があるのかを知っておくことで、**実践するときも「自分は最強の言葉で今、思いっきりSENくんに影響を与えているんだ」と確信することができ、その信じる気持ちが潜在意識の書き換えを加速させます。**

ここでしっかりと腑《ふ》に落としておきましょう。

マザー・テレサによる次の有名な言葉があります。

思考に気をつけなさい、それはいつか言葉になるから。
言葉に気をつけなさい、それはいつか行動になるから。
行動に気をつけなさい、それはいつか習慣になるから。
習慣に気をつけなさい、それはいつか性格になるから。
性格に気をつけなさい、**それはいつか運命になるから。**

つまり、**「思考が運命になる」「あなたの思い描いたことが現実化する」ということ**です。これはまさに、引き寄せの法則とも同じロジックです。

しかし、そうは言っても、思考をコントロールするのは難しいこともありますよね。人は1日約6万回も思考しており、そのほとんどが無意識だと言われています。

「色メガネの自動思考」を思い出してください。

例えば、「私は愛されてない」という色メガネがあった場合、何かあったとき反射的に、「あっ、私は愛されてない」と思ってしまうのでしたね。

もう自動的に思ってしまうのに、これを無理やり「思考を変えよう！」と5％の顕在意識で頑張っても、95％のSENくんの力が反対側に引っ張るので、非常に効率が悪いというお話もしました。

だからこそYOKOメソッドは、言葉という最強ツールを使って「先にこの自動思考（色メガネ）を変える」ことをしていきます。

そのため、YOKOメソッドを使う場合は、「思考が運命になる」ではなく、**その思考を言葉で変えてしまうので、言葉↓思考↓運命**の順で変わっていきます。

つまり、「**言葉が運命になる**」ということです。

また、言葉を使うもう1つの大きなメリットとして、思考は（特に有事は）コントロールするのがなかなか難しいですが、言葉は「ただ言えばいい」だけなのでコントロールが容易という点もあります。これは本当に、最高の利点です。

ラスボスさえ簡単に倒せる「伝説の剣」

言葉の威力がどれだけのものか、ここではネガティブな例を使って説明していきましょう。次の質問を読んでみてください。

毎日ネガティブな言葉を浴びながら育った子どもと、毎日ポジティブな言葉を浴びて育った子ども。将来、それぞれどんな人生を歩むでしょうか？

これはもう、答えがなくてもわかりますよね。

私は割とネガティブな言葉をたくさん受けて育ったので、自分も嫌い、人も嫌い、劣等感だらけ、自己肯定感が最低、というネガティブ色メガネ満載の大人になりました（今はだいぶ改善されていますが）。

もちろん、**幼少期だけでなく、大人になってからも言葉の影響を受けます。**

例えば、新入社員が会社で先輩や上司に、「仕事できないね」「全然使えない」「ハズレだわ」といった言葉を毎日言われ続けたら、その人はどうなると思いますか？

実際、私がかつて働いていた会社で、そうした扱いを受けていた新入社員の男性がいました。大学時代はラグビー部で屈強な体と精神を持っていたはずですが、1年後、彼は別人のように暗くなり、精神を病んで会社を辞めてしまいました。

身近な例を考えただけでも、言葉は私たちの人生に多大な影響を与えていることがわかりますね。

このように、言葉は繰り返し繰り返し聞くことで、SENくんの中に深く入り込み、やがて色メガネとなって、その言葉通りの人格と現実を創り出してしまうんです。

また、**自分が直接ひどいことを言われなくても、人の悪口や陰口、愚痴などを常に言ったり聞いたりしていると、それも同じくSENくんの中に入っていきます。**

SENくんは自分と他人の区別がつきませんから、「あいつムカつく」「あいつ使えない」「最悪」という言葉はすべて、「私ムカつく」「私使えない」「私最悪」と受け取ってしまいます。

それが蓄積されていったら、どうなるか……。皆さんはもうおわかりですね。

ふだん私たちは毎日、何気なく言葉に接しています。自分が発したり、書いたり、また人が発したものを聞いたり、読んだり。

SENくんは自分の言葉も人の言葉も、ニュースやメディアの情報も、入ってくるすべての言葉を記録しています。

ネガティブな言葉に触れる機会が多ければそういう人生を、ポジティブな言葉に触れる機会のほうが多ければそういう人生を歩むと言っても過言ではありません。

言葉とは、そのくらい大きく人生を左右する力を持つのです。

使い方次第で「強力な武器」にもなり、自分を破滅に追い込む「呪いのアイテム」にもなり得るのが言葉です。

私が好きなゲームにたとえると、私たちはこの人生ゲームにおいて、序盤からラスボスすらも倒せる「チートアイテム」を持ってスタートしているようなものです。

ただ、それはポジティブにもネガティブにも強力に働く諸刃《もろは》の剣。「最強の伝説の剣」にするか「破滅の呪いアイテム」にするかは自分次第です。

言葉はあなたを想像以上の高みに連れていってくれるだけでなく、幸せへの出口がない無限ループにはめてしまう可能性だってあります。


あたりまえに思うかもしれませんが、私たちは言葉を「選択」できます。

日常生活で必ず使う「伝説のチートアイテム」、言葉という武器を自分はどう扱っているか――。これからは、ここに意識を向けていただけたらと思います。

YOKOメソッド① 「物質的な願い」を叶える言葉

さて、それでは、いよいよYOKOメソッドに入っていきましょう！

YOKOメソッドは、「物質的に叶えたい願いがあるとき」と「精神的に叶えたい願いがあるとき」で使う言葉が違ってきます。

まずは「物質的に叶えたい願い」のメソッド。これは「潜在意識ちゃんねる」というサイトで投稿されていた内容を参考にさせていただき、自分なりの解釈を加えています。

次の3つのステップにしたがって言葉を組み立てていきます。

このステップを使うと、より自分の望む通りに、かつ効率的に潜在意識を書き換えることができます。

①「なんか知らないけど」

＋

②プロセス（○○しながら）

＋

③結果（○○だ・○○になった）

【言葉作りの例】

・なんか知らないけど、遊びながら、月収100万円！

・なんか知らないけど、ラクして、10kgやせちゃった

・なんか知らないけど、眠りながら、毎日5万円ゲット！

・なんか知らないけど、はしゃぎながら、超健康になった

・なんか知らないけど、安心しながら、貯蓄が2000万

・なんか知らないけど、ワクワクしながら、理想のパートナーができた

・なんか知らないけど、楽しみながら、最高の人間関係の中にいた

この言葉の組み立て方について、1つずつ説明していきますね。

①「なんか知らないけど」

まず、すべての言葉に共通して入っている「なんか知らないけど」。これを使う理由は、まず**「願望実現する手段を限定しない」ということ。**

「私が一生懸命に頑張って」とかではなくて、なんだかわからないけど勝手に現実が変わって願いが叶う、叶っちゃう、という全自動のニュアンスがこの言葉には込められています。

そして、**「潜在意識のSENくんの抵抗を減らすこと」**です。SENくんに新しい概念を入れるときに厄介なのが、この「抵抗」なんです。

SENくんには「変化を嫌う」特徴があるので、聞いたこともない言葉が突然入ってくると、「何それ？　イヤだ。そんなの受け入れないよ！」と抵抗し出すのです。

SENくんが抵抗すると、5％の顕在意識も「違和感」「モヤモヤ」など不快な感

「なんか知らないけど」
ラクして
ワクワクしながら
プロセス（○○しながら）
10kgやせちゃった
-10kg
理想のパートナーができた
結果（○○だ・○○になった）

情でそれを感じ取ります。

この「SENくんの抵抗」については、対処法も含めて詳しく後述しますが、「なんか知らないけど」を使うと、SENくんの抵抗を減らすことができるのです。

思い込みの色メガネを変えるときに大切なのは、「いかに新しい概念をすんなりと潜在意識に刻み込むか」。それが願望実現の速さにも関わってきますから、この言葉は必ず言うようにしてくださいね。

②プロセス（〇〇しながら）

次に、プロセスに入れる言葉です。

プロセスに入れる言葉は、「**どんな状態で夢を叶えたいか**」になります。

これをなぜ入れる必要があるのかと言うと、例えば、「結果」の「月収100万円」が叶っても、「苦労しながら」とか「馬車馬のように働きながら」ではあまり意味がないと思うのです。

多くの人は、例えばお金の願望を叶えたいのであれば、ただお金を手に入れるだけでなく、それに加えて「自由な時間」や「余裕のある精神状態」もセットで叶えたいでしょう。だから、**「どんな状態で夢を達成したいか」というプロセスを入れることがとても重要**になってきます。

このプロセスに入る言葉は、ご自身がしっくりきて思わずウキウキするものなら、なんでもOKです。

- **遊びながら**
- **楽しみながら**
- **好きなことをしながら**
- **ワクワクしながら**
- **ラクしながら**
- **時間に余裕を持ちながら**

など

ただし、「何もしないで」などの言葉を入れてしまうと、「そんなわけないじゃん」とSENくんの抵抗がここでも出てきてしまいます。

そこで、**楽しみながらとか、ワクワクしながらなど、なるべく「行動を想起させるプロセス」を入れてください。**

例えば、「楽しく仕事しながら」「大好きな仕事をしながら」などもOKです。

ちなみに、**「眠りながら」っていうのも、今の時代、あながちホラでもない**んです。ブログでも動画でも情報をアップしておけば、あとは寝ている間に収入が入るということも普通にあるわけですから。投資なども同様です。

「眠りながら」が叶ったら本当に最高ですよね。ただこれも、SENくんの抵抗が出やすいので、違和感が出たらひとまず、最初のうちは避けるのが無難です。

それよりも、最初は「しっくりくるもの」「思わずウキウキした気持ちになるもの」に設定することをオススメします。

私は「遊びながら」という言葉が好きです。「遊ぶように仕事をし、自分の喜びを人に共有して、それが収入になったら最高じゃん！」とニヤニヤしながら言葉を口にしています。

ここはあまり深く考えずに、直感で「こんな感じで願いが叶えば最高だな〜！」と思わずニヤついてしまいそうになるものを選ぶといいですね。できるかできないかを考える必要はまったくありません。ただただ理想を選ぶだけ。

もし、よくわからなければ、**「あんなふうにお金が稼げたら最高だな」「あんなふうに願望実現できたらいいな」と思うような憧れの人、密かにうらやましいと思ってる人を思い浮かべてみてください。**

その人の楽しそうにしているところがいいな、と思ったら「楽しみながら」、たくさんの人に囲まれているのが素敵だな、と思ったら「いい人たちに囲まれながら」など、お手本の人がどんなふうに願望実現しているかを参考に、言葉を組み立てていくやり方もあります。

どんなプロセスでも、**あなたの気持ちがピタッとハマる、しっくりくるというのが最優先**ですので、それを意識して言葉をチョイスしてみてくださいね。

③結果（〇〇だ・〇〇になった）

ここでやっと、自分の叶ってほしい願望を入れていきます。これは簡単ですね。シンプルに、**願望を入れればいいだけ**です。

ただし、**この言葉は「現在形」もしくは「過去形」で入れるようにしてください。叶ったテイでSENくんに聞かせるのが効果的**です。

なぜならSENくんは、自分の中に入れられた情報と、現実に起こっていることの「辻褄《つじつま》を合わせよう」とするからです。

SENくんの中に新たに強く刻み付けられた「思い込みの色メガネ」が、もし「なんか知らないけど、楽しみながら月収100万円！」なら、SENくんは「あれ？

これもう過去形なのに、まだ現実になっていないぞ。早く創らないと」と、「色メガネ」と「現実」の状態を合わせようとするんですね。

そのため必ず、すでに叶った状態の言葉を入れるようにしてください。

このあたりは、一般的な引き寄せの法則などでも言われていることですので、ご理解いただきやすいかなと思います。

ただここでも、例えば月収20万円の人が、いきなり「月収1億円！」と言っても、おなじみSENくんの抵抗がガッツリ入り、「絶対にできない」が先にきてしまいます。

そこで最初は、どんな願望でもそうですが、**今の現実から手が届きそうな範囲で、ウキウキするくらいの数字や程度を設定してくださいね。**

それが叶ったら、徐々に範囲を広げていけばいいだけなので、最初から飛ばさないようにするのが、早く願望実現するコツになります。

ちなみに、ここで参考までに、言葉の力で現実が変わった私の姉の実体験をお話ししますね。

私の姉は「**私、富裕層だから**」と、いつもいつも言っていました。彼女は当時、富裕層ではなかったし、周りも本気にせず、でもなんだかおかしくて笑ってくれていたみたいなんですね。

そうしたら、旦那さんが超大手企業からヘッドハンティングされて、異例の大出世。本当に富裕層になってしまったのです！

この例からわかるのは、**言葉の力によって、自分が稼がなくてもお金が入ってくるようになる人もいる**ということです。

だから、

「**なんか知らないけど、私はラクして、旦那が月収100万円**」

という言葉もアリなわけです！

これ、ワクワクしませんか？（笑）

どんな願いでもそうですが、自分で叶えるか、パートナーにやってもらうか、想像もしないところから舞い込むか、どんな設定でもOKなんです。ご自身がしっくりきて、ウキウキするものならどんな形でも大丈夫です。

もちろん、自分でもどんどん願いを叶え、かつ、パートナーにも活躍してもらうなど、複数の言葉を作っていくつも唱えるというのもアリです。

どんなルートでも、「なんか知らないけど」本当にそうなっていきますよ！

YOKOメソッド②－1 「精神的な願い」を叶える言葉

「精神的に叶えたい願いって何？」と思うかもしれません。
精神的な願いというのは、**「どういう自分で在りたいか」**や**「自分がどう生きたいか」**の部分になります。

言わば、人生のベース部分。物質的な願いと一緒に、こちらもぜひ叶えていってほしいと思います。
なぜなら、**このベースの部分がグラグラしていると、どんなに恵まれた環境にいても不幸を感じる、といったことが起こってしまう**からです。

例えば、大金持ちのセレブや大人気スターが突然に自死したり、鬱病になったりすることって割と多いですよね。物質的にも恵まれ、社会的地位もあり、なんの不自由もなさそうな人がなぜ……となりますが、実は精神に大きな悩みを抱えていた、ということはよく聞くと思います。

これまで何度も出てきた「私は愛されない」という思い込みの色メガネを持っている人は、たとえ人に「愛してるよ」「好きだよ」と言われても、「自分が愛されるわけがない」とか「いずれ気持ちが変わってしまうに違いない」と思ってしまい、相手の言葉を信じることができなかったりします。

これでは、いくら周りの環境が整っても、自分がそれを受け入れられないので、幸せになることは難しくなってきます。

人生を彩るために、物質的な願いを叶えていくことは、もちろん必要なことであり、すばらしいことではあります。

でも、精神が満たされていないと、その物質も色あせて見えてしまったり、「もっともっと」と、もうすでにたくさんあるのに「欠乏感」から無駄にモノを追いかけてしまう……ということになったりもします。

逆に、精神が満たされていると、自分の周りがどんな状況だろうが、何があってもなくても、誰がいてもいなくても、「自分は幸せ」と感じることができ、「失うことへの恐れ」がない状態になります。

実は人生において、この状態の精神というのは真の「無敵状態」です。**物質やお金、人に振り回されず、どんな状況でも「自分の幸せ」を生きることができる状態**なんです。

一般的に言う、「自己肯定感が高い」状態ですね。この精神を作ることは、幸せな人生を生きるために、何よりも優先すべきと言っても過言ではないくらい大事です。

そして、精神が満たされると、その精神状態に合わせるかのように現実の環境が激変していきます。幸せな精神にはそれに見合った幸せな現実、自分が「幸せだな」と思える出来事が次々と舞い込んでくるのです。精神が満たされると、物質的な願いも格段に叶いやすくなるんですね。

そのため、**「精神的な願いを叶える」**ことで心を満たしつつ、**「物質的な願いを叶える」実践もしていくと、より効率的に、理想的な形で幸せな人生が創られていく**ということになるんです。

ではここから、**「無敵状態」を作るためのYOKOメソッド**をご紹介していきます。
このメソッドの言葉の公式は、これ。

なんて、〇〇なんだろう！

この〇〇に、**自分がそうでありたい「理想の状態」を入れる**だけです。
「愛されている」「大切にされている」「尊重されている」「認められている」「自信満々でいる」「魅力的である」など、なんでもOKです。
実際に入れてみると、次のような感じになります。

【言葉作りの例】

「なんて、愛されてるんだろう！」

「なんて、自信に満ちあふれているんだろう！」

「なんて、尊敬されてるんだろう！」

「なんて、大切にされてるんだろう！」

「なんて、魅力的なんだろう！」

「なんて、認められてるんだろう！」

この○○に入れる言葉は、以下の質問に答える形で考えてみると、見つけやすくなります。

- **自分の親にどんなふうに思ってもらえたら嬉しいですか？**
- **人になんて言って褒めてもらうと嬉しいですか？**

特に、１つ目の質問。

「なんて、○○なんだろう!」

なんて、
愛されてるんだろう!
なんて、自信に
満ちあふれているんだろう!
なんて、
尊敬されてるんだろう!
なんて、
魅力的なんだろう!

「自分の親にどう思われたいか」

この質問にすべてが集約されていると言っても過言ではありません。ご両親2人ともでも、お父さん、お母さんどちらかでも構いません。イメージしやすいほうで大丈夫です。

もし、親御さんがいらっしゃらない方は、育ててもらった方という形で考えてみてください。

ここは親御さんとの現在の関係などは抜きにして、子ども時代に戻ったつもりで自分の純粋な気持ちを素直に答えてみてください。

どうでしょうか。

「認められたい」「愛されたい」「大切に思ってほしい」といった気持ちが出てきますでしょうか。**それが今、あなたが満たしたいと思っている心の状態**です。

もし、よくわからなければ、2つ目の質問です。あなたは人になんと言われたら「一番嬉しい」と感じますか？

「すごい」「素敵」「頭がいい」「きれい」「カッコいい」「優しい」「すばらしい」な

ど、いろいろあると思います。大好きな褒め言葉を、この公式に当てはめてみてください。

このメソッド、なぜ「なんて〇〇なんだろう！」という公式の中に言葉を入れるのかというと、こういう言い方は心が満たされて、マックス100％でそれを感じているときにしか使わないからです。

言葉というものは言い方によって受ける感情が大きく変わりますから、「なんて〇〇なんだろう！」という公式に当てはめることで、言葉の力を最上級にパワーアップすることができるんですね。

単に「愛されてる」と言うよりも、「なんて、愛されてるんだろう！」と言ったほうが言葉の力が増幅し、よりSENくんの

中に入り込みやすくなる効果があります。

しかも「なんて～なんだろう」をつけると、感情が入りやすくなるというメリットもあります。

SENくんは感情に敏感に反応しますから、より効率よく潜在意識に刻み込まれやすくなるのです。感情に大きく反応するSENくんからしたら、突然、パワフルな言葉とともに感情まで流れ込んでくるので、「えっ、そんなにいいことがあったんだ！メモメモ……」と、早速この情報を強く刻み込み始めます。

また、「**私はなんて愛されていて、自信に満ちあふれてて、魅力的なんだろう。最高アタシ……」みたいに（笑）、たくさんの言葉を組み合わせてもOK**です。

ちなみに私の場合は、「愛されたい」「認められたい」がとても強かったんです。これに気づかず長い間、愛や承認を他人や外側に求めていましたが、いくらもらっても満たされないという日々が続いていました。

でも、この言葉を自分で言うようになってから、少しずつ自分を認めることができるようになり、「自分大嫌い」が「ちょっと好き」になってきています。

これは第2章でもお伝えしましたが、**無理に「自分を好きになろう」とか「自分を認めよう」としたわけではなく、言葉を口にしていたら自然にそうなっていた、**という感じです。

もちろん、現実も以前とは打って変わって、私を認めてくれる人、好きになってくれる人が大勢出てきました。ナメてくる人も多少登場しますが（笑）、あまり気になりません。

私がしたことは「言葉を変えただけ」なのに、私の気持ちも、現実も、「自動的に」変わったんですね。私の知らないところでSENくんがせっせと、言葉通りの現実を創ってくれていることを実感しています。

また、最近読んだ本に、ある不動産営業の若者が「僕ちゃん、天才」と実績のないときから言い続けたところ、月収17万円から不動産投資により年収2400万円になったとありました。

この人のすごいところは、この実績もさることながら**「僕ちゃん、天才」と自分にも「人にも」言い続けた**という点です。

最初はもちろん、みんな取り合わないのですが、言い続けているうちにだんだん周りが「あの人は天才」と本気で認め出したというから驚きです。

SENくんは、本当になんでも現実にする力を持っています。言葉を変えれば、自分の気持ちはもちろん、人の気持ちすらも180度変えてしまうのです。

うん、やっぱり言葉ってすごい。

自分が変わろうとしなくても、勝手に何もかも自分の望むほうに連れて行ってくれるのですから。

YOKOメソッド②-2 周囲の環境を理想通りにする言葉

もう1つ、同じメソッドを使って叶えられることをご紹介します。

このメソッドは、「自分自身がどう在りたいか」のほかに**「自分の置かれている環境を理想のものにする」ということもできます。**自分を取り巻く環境を、自分の思い通りに変えていくことができるんですね。

カギになるのは、「自分がどんな気持ちで毎日を過ごしたいか」ということ。「気持ち」をメソッドに当てはめて唱えることで、自然と周りの環境がその気持ちに合ったものになっていく、ということです。

例えば、「毎日安心して過ごしたい」なら、自分が不安に思っていることが解決したり、イヤな人が去ったり、安心させてくれる助っ人のような人が出てきたりします。

「豊かさを感じたい」なら、臨時収入があったり、収入が上がったりということが起こったりという、自分の周りの「環境」が変わってくるんですね。
メソッドはさっきと一緒です。

なんて、〇〇なんだろう！

ここには、**「自分がどんな環境で毎日過ごしたいか」**を入れていきます。
例えば、「感謝」「幸せ」「豊か」「安心できる」「穏やかな」「すがすがしい」「平和な」「自由」「楽しい」「ワクワクする」など。なんでもＯＫです。

「なんて、安心できるんだろう！」
「なんて、豊かなんだろう！」
「なんて、自由なんだろう！」

感謝であれば、**「なんて、ありがたいんだろう！」**になりますね。言葉に応じて、合うように形を変えてみてください。

この「どんな環境で日々過ごしたいか」を言い続けることでSENくんにその情報が入り、言葉通りの環境が整い、本当に豊かさや安心を感じられるような状態になっていきます。

実際に言葉の力で環境が変わった方の体験談をご紹介します。

ある50代の男性は、どうしてもそりの合わない同僚がいて、何度も言い争いをするような関係だったそうです。場の空気も重くなる中で、その方は潜在意識を書き換えるための言葉を唱え続けたそうです。

すると、**なんと数日後に相手が会社を辞めることになり、それはあり得ないことだと思っていたので心底驚き、言葉のパワーを実感**したとのことです。

もし、このメソッドに入れる言葉がよくわからない、という場合は、まず次の質問に答えてみてください。

「どんな気持ちでいるときに幸せを感じますか？」

ホッと安心しているときでしょうか。家族と楽しく過ごしているときでしょうか。友達と楽しく笑っているときでしょうか。自分の好きな場所にいるときでしょうか。自分が「ああ〜幸せ！」と思う状況を思い浮かべ、そのときに感じる気持ち、例えば「楽しい」「嬉しい」「豊か」「ワクワクする」などを入れてみてください。

また別の角度で、ここに入れる言葉は自分が抱えやすいネガティブな気持ちからもあぶり出すことができます。例えば、次のような感じです。

・不安　↓　安心
・イライラ　↓　穏やか
・欠乏感　↓　豊か、満たされている
・退屈　↓　楽しい、ワクワク
・生きづらい　↓　自由

物事は常に表裏一体で、**ネガティブの裏には「自分が本当に感じたいポジティブな気持ち」が隠れています**。

あなたはふだん、どういう気持ちを感じることが多いでしょうか？　ネガティブな気持ちを利用して、ご自身が本当は毎日どんな気持ちで過ごしたいか、見つけてみてくださいね。

作った言葉を日常に組み込む方法

さて、「願望を叶える言葉の作り方」はご理解いただけましたでしょうか。
叶えたい願いに応じて、言葉を作っていただければと思います。
ただ、どれにすればいいかわからない、という方もいると思うので、そういう場合はまずメソッド②-1の「精神的な願いを叶える言葉」を優先すると、結果的に物質的な願いや環境も整いやすくなるのでオススメです。

言葉ができたら、あとはSENくんの中にこの言葉たちを刻み込んでいく作業をするのみになります。SENくんは「何度も繰り返されるものに反応する」という特徴があるので、何度も口に出してSENくんにアピールしていきましょう。

ただし、1つ注意点があります。

人間というのは今日知った情報も、明日になると半分以上を忘れてしまう性質があります（汗）。だから今日作った言葉も、明日になったら「何だっけ？」となっていることもあるんですね。

お正月に目標を立てても、三が日を過ぎたらキレイさっぱり忘れる、あの感覚です。私は、お正月に目標を立てて達成できたことが1回もありません（笑）。

意外かもしれませんが、**願いを叶えるために最も大切とも言えるのが、「忘れないこと**なんです。

そこで最初は、紙に書いて目立つところに貼っておいたり、待ち受け画面にしたりして、言葉がイヤでも目に入る状態にしておくことをオススメします。そうすることで、まず「忘れない」をクリアできますから。

さて、では**作った言葉を1日に何回言えばいいか**、というお話です。

これは1日に何回言っても大丈夫ですし、多ければ多いほどいいのですが、最初から飛ばすとろくなことにならないので（笑）、回数を意識するよりも、とにかくやってみることが大事です。

最初は1日1分くらいからでも、まったく問題ありません。


私の場合、今は日によってまちまちで、1日30分くらい無心に言い続けるときもあれば、一言も言わないときもある、というゆるい感じで実践しています。

長期的に見て継続しているかどうかのほうが大事ですので、多少言わないときがあっても気にしないで大丈夫です。


継続するのに一番いいのは「作った言葉を言う」を習慣にしてしまうこと。歯磨きのように、それをしなければ気持ち悪くなってしまうレベルまでにすることです。

習慣、と言うと抵抗が出てくる方もいらっしゃると思いますが、ご安心ください。ものすごく簡単な方法があります。

それが、**「言葉を日常に組み込む」**ということです。


皆さん、生活の中で毎日必ず行うルーティンってありますよね？

ルーティンとは、朝起きて洗顔、歯磨き、シャワー、お化粧、朝食、通勤など、毎日の習慣になっている作業のことです。

「言葉を日常に組み込む」とは、**すでに習慣になっているその作業の中に「言葉を言う」をプラスする、**ということです。

例えば、シャワー＋言葉、通勤＋言葉など、すでにある習慣にプラスすると、「言葉を言う」を単体で行うよりも習慣になりやすいと言われています。「ついでにやる」みたいな感覚です。

私の場合は、シャワーのとき、運転のとき、トイレのとき（笑）とか、1人になれるときに「言葉を言う」という新しい習慣をプラスしました。

習慣になるまでは、シャワー室のドアや車の中などに言葉を書いた紙を貼っておいて、視覚からも「シャワー室に入ったら言葉を言う」「車に乗ったら言葉を言う」ということを忘れないようにしていました。

特にシャワーの最中や運転しているときは、スマホを見ることもできなくて暇なので、やりやすいと感じています。

先ほど「1日30分くらい無心になって言うときもある」とお伝えしたのは、運転時間がたまたま30分だったからそうなってた、みたいなところがあります（笑）。
だから逆に、運転しないときは1回も言わないとか、そんな感じでとてもゆるくやっています。

「ゆるくやる」というのもポイントです。
「絶対に続けないといけない」と思ってしまうと続かなくなったり、できないときの自分を責めてしまったりするので、「できるときにやる」「できないときはやらないでもOK」「少しずつでも続けてる自分ってえらい♡」のスタンスで、自分に優しく実践していくのがベストです。

ゆるくやっても、習慣になるくらいに続けていたら、次々と奇跡が起こり出しますよ。まずは1日1分だけでも気軽に始めてみてくださいね。

あともう1つ、ちょっぴりダークな継続のコツをお伝えします。
人は、シンプルに「夢を叶えたい！」というポジティブな気持ちより、「こんな現

状はイヤだ」というようなネガティブな気持ちを原動力にしたほうが、モチベーションが上がる場合があります。

ちょっと想像してみてください。

もしあなたが現状を何も変えずに10年間を過ごすとしたら、10年後どうなっていると思いますか？

一方、あなたが今の時点で言葉の力で現実を変えたら、10年後どうなっているか、こちらも考えてみてください。両者の差はどれくらいになっているでしょうか。

「ウワーッ、今から絶対やっておこう！」と思う方が多いのではないかと思います。

こういう視点で少し考えるだけでも、継続するモチベーションになったりします。

ただ、焦りの気持ちでやる必要はありません。

「私は自分の理想の人生を、自分で『選択』しているんだ」という〝自分軸〟の気持ちを大切にすると、心に余裕ができて気持ちよく続けることができますよ。

願いを叶える言葉に違和感が湧いたときは？

メソッドの中でも少しお話ししましたが、「これで潜在意識を書き換えるぞ！」と決意しても、**いざその言葉を口にし始めたとたん、違和感や嫌悪感を覚える場合があります。**

最初は違和感がなくても、徐々にモヤモヤしてくる場合もあります。変化を嫌うSENくんの「抵抗」が強く出てしまうケースですね。

SENくんからしたら、変化することが不安なんです。

「これまでずっとこのままでやってこられたし、安全に生きてくることができたのに、変えてしまったらどうなるかわからないじゃないか。イヤだ！」と、不安で怖がっているような状態です。

これは特に、**精神的な願いを叶えるときに出やすい**傾向があります。

例えば、「自分は愛されない」「自信がない」「自分を認められない」といった思いがSENくんに強く入りすぎているせいで、深い深い「傷」になってしまっている場合ですね。

そんなときには無理にYOKOメソッドのポジティブな言葉を押し通すのではなく、「SENくんの中に刻まれた傷を癒す」ことを優先してください。

SENくんの声を無視して無理に言葉を口にすると、どんどん苦しくなってしまいます。

こういう場合にぜひやってほしいのが、**「セルフ・コンパッション」**という心理学的な手法です。

セルフ＝自分自身、コンパッション＝思

いやりや慈悲という意味です。

つまり、**セルフ・コンパッションは**、**「自分の愛する人を思いやるように、自分自身を思いやること」、つまり自分で自分に優しくしてあげること**です。

セルフ・コンパッションを理解するのにわかりやすい例を紹介すると、例えばここにAという人物がいます。

Aはある仕事を任されて、課題を提出することになりました。期待に応えようとAなりに一生懸命に準備をして完成させましたが、上司の評価は悪く、みんなの前で強く批判されてしまいました。

この人物Aが「あなたの大切な人や親しい人」だった場合（大好きな有名人でも可）、あなたはAにどんな気持ちで、どんな言葉をかけるでしょうか。

「つらそうだ。慰めてあげたい」「かわいそうだ。大丈夫だろうか」「つらかったね。気持ちわかるよ。何か私にできることある？」と、思いやりの気持ちで接するのではないでしょうか。

その**親しい他者に向ける気持ちを自分自身に向け、優しい言葉をかけてあげるこ**

と、それがセルフ・コンパッションです。

例えば、「愛されない」という傷が深い人の場合は、こんなふうに自分自身に声をかけます。

まず、胸に手を当てて、

「今までずっと愛されないって思ってきたのに、いきなり『愛されてる』なんて言われても驚くよね。びっくりさせてごめんね」

「ずっと悲しかったし、怖かったよね」

「もう、愛されないなんて思わなくてもいいんだよ、幸せになってもいいんだよ」

「今まで本当によく頑張ってきたね」

などと、大切な人に優しく声をかけるように、心に寄り添って自分に声をかけてあげてください。

かける言葉がよくわからない場合は、大

切な人が自分と同じことで傷ついていると仮定して、その人にどんな言葉をかけるか、をイメージしてみてください。

どうしても思い浮かばないときは、「大丈夫だよ」「安心してね」「よく頑張ったね」などの、心がフワッと安心する言葉をかけてあげてくださいね。


自分で自分に優しい言葉をかけると、それまであった苦しい気持ち、抵抗がスッと少しだけ軽くなります。

本音に寄り添うので、涙が出てくることもあるかもしれません。

そんなときは、**出てくる感情を我慢せずに解放してあげてください。** 大泣きしてスッキリするのもいいでしょう。そうすることで、どんどん傷が癒されていきます。


近年、国内外の心理学者たちは研究で、セルフ・コンパッションがさまざまな領域に良い影響を与えることを明らかにしています。

関西学院大学文学部総合心理科学科の有光興記《ありみつこうき》教授によると、高いセルフ・コンパッションには次の3つの効用があるとしています。

①幸福感が高まる
②ストレスが減少する
③逆境や困難からいち早く回復し再挑戦できる

セルフ・コンパッションで深い傷を癒していくと、人生の土台を作ると言っても過言ではないくらいのメリットが、心理学的にも証明されているんですね。

自分で自分を癒すこと。この効果が高いのには理由があります。私たちはつい、他人に認めてもらおうとしたり、お金や社会的地位など「外側」に自分の価値を見出そうとしたりしがちです。しかし実は、**自分が誰よりも認めてほしい人物は自分**だったりします。

セルフ・コンパッションではそれを実践していくので、やればやるほどどんどん傷が癒されていくんですね。

セルフ・コンパッションを行う際に大切なのは、**「不安な気持ちに抵抗せず、寄り添ってあげる」ということ**です。

傷を癒すことで、SENくんの抵抗も少しずつ減っていきます。

SENくんはただただ、「新しく変わってしまったら安全ではなくなる＝危険にさらされるかもしれない」ことが不安なのです。

そこで、「怖いよね、不安だよね。でも変わっても大丈夫だよ。安心していいんだよ。ゆっくりね」と安心させるような言葉をかけると、**SENくんも「あれ、新しい価値観を入れても大丈夫なのかな？」と少しずつ納得し始め、抵抗も減ってくる**ようになります。

ただ、傷が深いと何度も出てくるので、モヤモヤや不安を感じたらセルフ・コンパッションをする、ということを繰り返していきます。

SENくんは「何度も繰り返されるものに反応する」ので、やるたびに確実に変化していくようになりますよ。

背中を後押ししてくれる「ヤンキーの後輩」

これは昔、YouTubeでご紹介して反響が大きかった方法なんですが、セルフ・コンパッションを違う角度から行うやり方になります。

それは、**自分の心にもう1人違う人格をイメージして、その人格に励ましてもらう**という方法です。動画の中では「自分を心からリスペクトしてくれるヤンキーの後輩」を想定する、というお話をしました。

なぜ「ヤンキーの後輩」なのかというと、ヤンキーの人たちって先輩後輩の結束が固そうで、本気で先輩のことをリスペクトする従順さがありそうだからです(笑)。自分が何をしてもまったく態度を変えず、尊敬の眼差しで見てくれるヤンキーの後輩。例えば、こんな感じで励ましてくれます。

「ＹＯＫＯさん最高ですね！　俺ずっと前からリスペクトしてるんスから。何があっても一生ついていきますよ！」

「なに落ち込んでるんスか！　でも落ち込んでるＹＯＫＯさんもレアでいいっスね。俺、誰にも言いませんから。後ろ向いてるんで、思いっきり泣いてもいいっスよ！」

私の中のヤンキーくんは、基本的にすごい大声です（笑）。

こんな感じで、自分がそのときに言ってほしい言葉を、そのキャラに言ってもらうんですね。

SENくんは「現実とイメージの区別がつかない」ので、たとえ頭の中での妄想で励ましの言葉を受けたとしても、「本当に起こった出来事」として認識し、傷が癒されていきます。

瞑想《めいそう》などのイメージワークをした後に涙が出たり気持ちがスッキリしたりするのは、SENくんのこの働きによって本当に心の中に変化があるからなんですね。頭の中のイメージって、心にすごい影響を与えるのです。

それで、この人格なんですが、別にヤンキーの後輩じゃなくてもいいんです。好きな芸能人、YouTuber、インスタグラマー、尊敬する人、はたまた漫画のキャラ、映画やドラマの架空の登場人物、歴史上の人物など……。

自分が「こんな人から励ましてもらえたら天国」という人を選んでやるのが効果的です。実在の人物であるかどうかは関係ありませんし、自分のオリジナルキャラやペット、ぬいぐるみなどでも大丈夫ですよ。

ちなみに私は、動画の中では『進撃の巨人』のハンジさんとエルヴィン団長というキャラクターに励ましてもらっているとお話ししました。

でも、今はだいぶ変わって、メディアに登場しタレントとしても活躍する「整形男子アレン様」に励ましてもらうのが最高に嬉しいです（笑）。彼がそこにいてくれるだけで最高に幸せ♡

もし必要であれば、「その人格と何をしているか」のシチュエーションも、自由にイメージして大丈夫です。

一緒にご飯を食べていたり、ビーチでボーッと海を見ていたり、空を飛んでいたり、おうちデートしていたり。思いつくことなんでもアリです。

ちなみに私は、アレン様が大好きな最高級のディナーを一緒に食べながら、2人でくだらない話をして笑い飛ばすというシチュエーションが大好きです。いつかそれが現実になることを願いながら妄想しています（笑）。

また、励ましてくれる人格が複数でもOKです。アメリカの歴代大統領がズラッと並んで大声援を送っているとか、日本武道館のような大きな舞台の真ん中に立ち、大勢の人たちにスタンディングオベーションで一斉に励まされるとか、BTS（防弾少年団）が全員集まって自分だけのために歌ってくれるとか、そういうものでも可能ですよ。

大切なのは、これをやるときに自分の心がウキウキしたり、フッと軽くなったりするかどうかです。

この方法、特に落ち込んでいるときはとても元気になれるので、難しく考えずに楽しくやってみてくださいね。

YOKOのおまけウラ話

3

「全自動で神様をおもてなし」

昔からネイルサロンが大好きです。

子供が生まれてからはそれどころではなかったのですが、最近やっと落ち着いたので、3週間に1回はサロンに行き、爪はいつもきれいにしています。

美しい指先は、見るだけで私の波動を上げてくれます。

シックできれい系のデザインが好きですが、ハロウィンなど季節ごとのデザインも楽しんでいます。

サロンではネイリストさんとの会話も楽しみます。くだらない、なんの役にも立たない話をしては爆笑。

一番どうでもよかったのが、アリとハチはどっちが強いか問題（笑）。

結論は、アリ（理由は話すと長い）。

さて、もう1つ、私がネイルサロンを大好きな理由は、「全自動」で「私という神様」を丁寧におもてなししてくれるから。

スピリチュアルな世界では、私たち1人ひとりが「創造主」で、神様みたいな存在だと言われます。

だから、「神様である自分」が住む部屋や持ち物を整理し、自分の体にも神様に対するような丁寧な扱いをしてあげると運気が上がると。

でも、部屋や持ち物は基本的に自分で整理しないといけないから、たまにすご〜くめんどうになる（笑）。

その点、サロンに行きさえすれば、完全人任せで私という神様の爪をきれいにできて、神様にふさわしい丁寧な扱いを、ただ座ってるだけで、たっぷりしてもらえます。

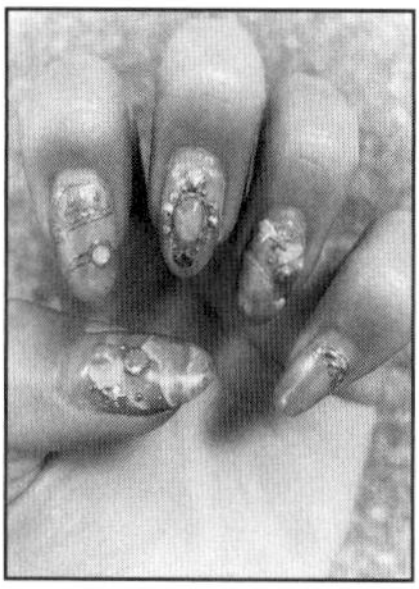
神の至福

「私という神様」は簡単でラクなのが好き！

願いを叶えるのも、自分へのおもてなしも、めんどうなのが嫌だから、私は全自動を選びます♡

第4章

願望実現が加速して止まらなくなる秘訣

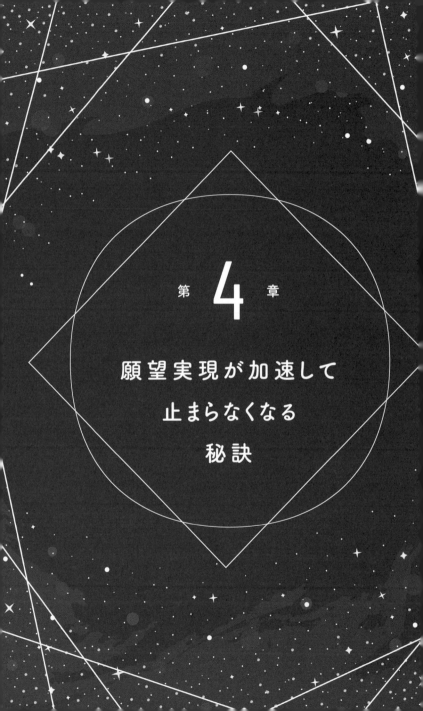

「マイナス思考」で加速する

さてここからは、さっさと思い通りの現実が現れるように、さらに効率良くSENくんに働きかけていく方法をご紹介していきます。

最初に紹介する方法は、「マイナス思考」です。

あえてインパクトを残すためにこういう名前をつけましたが、**「マイナス思考」というのは、あなたの生活から、あるものを「マイナスする」という意味**です。

何をマイナスするのかというと**「ネガティブな言葉」**です。

先述したように、SENくんは私たちが日常的に発している言葉を全部聞いていています。いくらYOKOメソッドでポジティブな願望を口にしていても、マシンガンのように人の悪口を言ったり文句を言ったり自己卑下したりしていたら、ポジティブなほうは負けます。

SENくんは自分の中にある「一番強く刻み付けられているもの」を創造していきますから、ネガティブなほうが優先され、そうした現実が創り出されていきます。

せっかくポジティブなものを入れようとしているのに、ネガティブな言葉を言うことで思いっきり阻止してしまっているわけですね。私たちは人間ですからネガティブになってしまうこともありますし仕方ないですが、**自分の意志の力で「できるだけネガティブな言葉を減らすよう意識する」ことはできます**よね。

また、人の悪口などはもちろんのこと、「ダメじゃん」「最悪～」「絶対無理！」「ひどい！」「最低～」といった、ちょっと冗談交じりで言うこともある言葉にも、意識を向けてみてください。本当にその言葉を使わなければならないでしょうか。

例えば、「うわ～！」とか「マジか!?」に言い換えるだけでも、感情も印象も違ってきますよね。

また、**他人を非難して否定する言葉は、ブーメランのように自分に返ってくるので要注意**です。

SENくんの特徴の1つ、**「潜在意識は自分と他人の区別がつかない」を思い出してください。**「あいつ、ムカつく～」「あの人、サイテーだよね」「彼は絶対に失敗するよ」などと言うと、SENくんはすべて「あ、自分のことだ」と認識してしまいます。

ただ、そうは言っても、「ネガティブな言葉はいっさい言ってはならない」というような厳しい縛りではありません。我慢して苦しくなるくらいなら、吐き出したほうがマシです。

ただ、その頻度を減らす意識が大事です。

毎日つい言っちゃっていたなら、「明日は言わない」と決めてみるとか、ほかの言い方に変えてみるとか、そういうところに意識を向けましょう。

SENくんには、「最後に言った言葉がより強く刻みつけられやすい」ので、例えば誰かの悪口を言ってしまっても、「とは言え、いいところもあるよね、あの人」とか「でも私もお世話になったから、良しだね」というように最後をポジティブでまとめる工夫もできます。

たとえネガティブな言葉を発してしまっても、「あ、言っちゃった。キャンセル！」という言葉で打ち消したり、愚痴を聞いてくれた人に、「苦しくて我慢できなかったんだ。聞いてくれてありがとう」という言葉で会話を締めくくったりするのも効果的です。

もちろんこれは、ポジティブで締めくくればいくらでも悪口を言っていいという話ではないですよ。なるべく減らしつつ、どうしても吐き出したいときの対処法です。

こんな感じで、**ネガティブな言葉を減らす、そしてどうしても我慢できずに言ってしまったとしても締めの言葉をポジティブにするなど工夫していきます。**

言葉は自分ですべて選択できますから、やりやすい方法を採用してみてくださいね。

五感をフル活用し加速する

SENくんには、**「イメージや五感が好き」という特徴**があります。

五感とともに入ってきた言葉は、より早く深く刻みつけられると言われていて、私もそれを実感しています。

ここでは、私が実践した五感のうち、聴覚、視覚、触覚、嗅覚について簡単に利用できる方法をご紹介していきますね。

【聴覚】

これはただただ、YOKOメソッドの言葉を口に出して言えばいいだけです。

自分の耳を通して「言葉を聞く」ことで、SENくんに吸収されやすくなりますから、**YOKOメソッドは心の中で言葉を唱えるよりも、口に出して言うのがオススメ**です。

また、口に出して唱えることで雑念が入りにくくなるのもメリットですね。

心で唱えると「いつの間にか違うことを考えてしまって、止まっていた」みたいなことがあるので、小さい声でもいいので口に出して言うことをオススメします。


【視覚】


人間は忘れていく生き物なので、最初のうちは、願いを叶えるために作った言葉を紙に書いて、目につく場所に貼っておくといいとお話ししました。

紙に書いて貼っておくというのは「願いごとを忘れない」だけでなく、「視覚から言葉を入れて潜在意識に入りやすくする」という効果も同時に享受できる便利な方法なんですね。

受験生が部屋に「絶対合格！」と貼ったり、営業部が「今月も売り上げ○％達成！」と目標を貼ったりするのも同じような効果があると思います。

また、コルクボードに自分の理想の家や車、旅行したい場所などを貼って毎日見ていると、そのイメージが具現化するという方法がありますが、これも同じですね。もし可能であれば、言葉と一緒に写真やイメージ図なども貼っておくと、よりいっそう効果が高まると思います。

ここで、視覚を使って効果を得た私の体験談を紹介します。

SENくんのパワーを使って、**苦労しないで体重が5kgやせた**ことがあります。このときは、体重計の数字のところに理想体重を書いた紙を貼っておき、それを常に見たり、理想の体型のモデルさんを待ち受け画面にして毎日見たりしました。

視覚から入る具体的な数字やイメージ画像などは、言葉＋αの強力なサポーターになると実感しています。なんせ見るだけでいいのでラクなんですよね（笑）。

また、私の主人の姉（義理の姉）が願いごとを毎日100回ノートに書き続けていたら、その願いが現実化したという体験談があります。

彼女は地元で小さなカフェを経営していたのですが、そこでデザートとして出していたスコーンが人気だったので、カフェを「スコーン専門店」に変えたところ、これが大ヒット。

韓国の冬の氷点下（私の夫は韓国人なので義姉は韓国在住です）、しかも**コロナ禍でも行列が絶えない店になり、月収も状況もノートに書いていたことがそのまま現実になった、**と嬉しそうに話していました。

ちなみに、私も1日100回ノートに書いてみようと思ったものの、1日で挫折……。まさか1日で終わるとは思わなかったので、さすがに自分自身に驚きました（笑）。

私の場合は、1回だけ書いてどこかに貼って見る、読むというのが合っているようです。どんな方法でも自分にぴったり合うものを見つける、というのも大切なことですね。

【触覚】

自分に優しく触れたり、体を動かしたりして感情を高める、というのは簡単にできて非常に効果のある方法になります。

この「触覚」を利用する方法は、先述したセルフ・コンパッションをやるときに特にオススメです。

胸に手を当てたり、頭をなでたり、セルフハグ（自分で自分を抱きしめること）をすると、癒しの力が倍増し、SENくんに刻まれた傷がどんどん癒されていきます。

自分で自分の体を大切に触ると、自然に温かい気持ちがあふれてくるんですね。

SENくんは「感情に強く反応する」という特徴もありますので、「癒されるなぁ、落ち着くなぁ」という感情とともに優しい言葉を自分にかけてあげると、さらに願望実現の効果が増しますよ。

また、体を動かすというのも効果が高いです。例えば、「なんか知らないけど、遊びながら、月収100万円！」と言いながら、ガッツポースをしたり万歳したりジャンプしたりすると、SENくんが「おっ!? めっちゃいいことあったみたい！」と強く反応してくれます。

ガッツポーズなどをすると、「ヨッシャー！」と体の動きにつられて感情も入りやすいので、たまにやってみるのも楽しいですよ。

【嗅覚】

嗅覚は五感の中で、最も本能に近いと言われています。**香りが記憶に直結している**感覚を味わったことがある方も多いのではないでしょうか。

もう長い間すっかり忘れていたようなこと、例えば、なにげなく口に運んだ料理の香りが鼻腔《びこう》に広がったときに、実家での幼い頃の思い出がよみがえったり、汗と泥が混じったようなにおいがした瞬間、楽しかった学生時代の部室へ一気にタイムスリップするような感覚を得たり、といったことがあると思います。

ちなみに私は、新車のにおいを嗅ぐと、学生時代に付き合っていた元彼を思い出します（笑）。すご～くイキっていたあの時代、車で自由に移動できることに浮かれて調子に乗り、意味もないのにお台場に行っては何もしないで帰ってくる（お金ない）という日々を過ごしていました。

「お台場に行く」ということが、当時は大変なステータスだったのです（キリッ）。たぶん皆さんは、もっとこの話を聞きたいと思いますが、無限にエピソードが出てきて1冊ではとても収まらないので、この辺でやめときます（笑）。

とにかく、香りというのは嗅いだ瞬間に「あ、懐かしい！」というような感情がワッと出てくるほど、記憶に直結しているんですね。これは五感の中で嗅覚だけが、記憶をつかさどる脳の海馬《かいば》という部分に直接、信号を送ることができるからと言われています。

私がやっている香りの使い方は、**「香りとセットで良い記憶を植え付ける」**というものです。

やり方は超簡単。**お気に入りのアロマキャンドルやアロマディフューザー（お香のようなもの）を使って、リラックスしながら理想のイメージ画像を眺めたり、理想の生活を妄想したりする**。以上です。

基本、ただニヤニヤしながら寝そべっているだけ（笑）。

香りを嗅ぎながらイメージ画像を見たり妄想したりすることで、**その記憶と香りをセットでインプットしやすくなる**んですね。

何度か繰り返すと、その香りを嗅いだだけで、「このにおいを嗅ぐとあれを思い出す〜」と記憶がすぐよみがえってきて、いい気分になれるんです。

頭の中のイメージといい気持ち（感情）をリンクさせることで、「イメージが好き」「感情に強く反応する」SENくんに入っていきやすくなります。

アロマキャンドルの香りは、それだけでリラックス効果や場の浄化作用がありますから、特に疲れたときや、ネガティブになってしまったときなどに、この方法は効果的だと思います。

ちなみに私はYouTubeの動画を撮影するときも、大好きなアロマキャンドルを必ず灯《とも》し、集中力を高めて作業しています！

憧れの人に任せて加速する

冒頭でもお話ししましたが、私はもともと怠け者なので、言葉を自分で言うのはめんどうだな〜と思うこともあります。

そんなときにぜひ取り入れてほしいのが、この「**人任せ**」の方法。

それは、「**自分が憧れる生き方をしている人**」**や**「**憧れの生活をすでに体現している人**」**が発信している情報をただ見る、聞く、読む**ということです。

ポイントは、「自分が憧れている人」ではなく、憧れの「生き方」をしている人、という点です。

素敵な生き方をしている人というのは、その生き方に至った「マインド」「考え方」「ポリシー」といったものを必ず持っていますので、それに積極的に触れにいく、ということです。

できればテレビ番組などではなく、**その人「個人」の意見や世界観が出やすいSNSやブログ、YouTubeなどが良い**と思います。

人間は頻繁に触れているものに影響されていきますから、何度もその人の情報に触れることで自然に自分もそのマインドに近づいていきます。

ちなみに、その憧れの生き方をしている人の配信内容が「言葉」という形でなければいけない、ということはありません。

たとえ直接的な言葉で表現していなかったとしても、その人の態度や発信するものには必ず、その人の「心」が現れてきますので、そのエネルギーというか、空気感に触れることが大事なんですね。

その素敵なエネルギーに積極的に触れにいくのがポイントです。

ある人のおかげで、私の「思い込みの色メガネ」が変わった話をします。

私は髪の毛を巻くのが本当にめんどうで、「やりたいけど、めんどうだからやってない」状態が長いこと続いていました。

でも、インスタでとっても素敵な美容師さんがいて、その人が毎日本当に楽しそうに髪の毛を巻く動画を公開しているんですよ。

その人が醸し出すメッセージは、次のような感じです。

彼女は楽しそうに髪を巻いているだけで何も言っていないのですが、まるでこんなことを言われているような「空気」を毎回感じていました。彼女の心が画面を通して伝わっていたんでしょうね。

「髪の毛を巻くのって本当楽しぃよ」
「ほら！　こんなに簡単だよ」
「少しのことでこんなにかわいくなるんだよ、最高でしょ？」
「みんなもやってキレイになろうよ」

私はいつも、「ああ素敵だな～。こんなふうに巻けたらいいなあ」とボーッと毎日見ていたのですが、そのうちに、本当にいつの間にか、

「髪の毛を巻く＝めんどくさい」が、

「髪の毛を巻く＝楽しくてキレイになる」

というふうに変わっていたのです。


これは本当に不思議。色メガネが勝手に変わっていました。

言葉を言うことすらしていない、**まさに「全自動」で変わった感じ**です（笑）。


だから今では、髪の毛を巻くのが全然苦にならないし、むしろひと巻きするごとに自分が変わっていくから楽しい、と思っています。完全に彼女のマインドがコピーされた結果ですよね。


「素敵なマインドのコピー」これが狙いです。

人間っておもしろいですよね。直接に関わってなくても、発信されている情報に触れているだけで考え方が似てきてしまうなんて。

それにはやはり、**「頻繁に触れる」ことがすごく大事**です。SENくんは「何度も繰り返されるものに反応」しますから、素敵な人の発信している情報はどんどん取りにいくことをオススメします！

ただし、これをやっているときにもし、「私がやってもどうせ無理」「あの人だからできるんだし」というような、不快な気持ちが強く出てきてしまったら、それも色メガネです。

そんなときは、YOKOメソッドの「精神的な願いを叶える言葉」を唱えたり、セルフ・コンパッションをすることを優先してくださいね。

ちなみに、この憧れの人は1人に絞ってもいいですし、複数いても問題ありません。目移りして集中できない人は1人でいいし、いろいろな人の考えを少しずつ入れたほうが合っている、という人は複数でOKです。

私の場合は、**美容はこの人、精神論はこの人、生き方はこの人、みたいな感じでジャンルごとに何人もいます。**

全員のマインドに毎日触れているわけではなくて、ちょっと気持ちが落ちているときは精神論の人、美容に気合を入れたいときは美容の人、みたいな感じで気分によって分けたりもしています。

あなたの心地良いやり方でやってみてくださいね。

また、「人任せ」でもう1つ、強力にSENくんに働きかけていく方法があります。

これは**ちょっと刺激が強いのですが、「自分が嫉妬してしまう人」のエネルギーに触れるというやり方**になります。

特に、「ありえない！」と思っている人の生き方にこそ、自分の本当の望みが隠れていたりするんですね。

例えば昔、私の知り合いで、お金持ちのことを「お金持ちは汚い。悪い」とすごい勢いで嫌う人がいたんですよ。

私はその人を「お金持ちが嫌いなんだな」と思っていたのですが、あるとき、その人が毎回宝くじを大量に買っていることがわかりました。

「えっ、実は自分がお金持ちになりたかったの？　嫉妬してただけじゃん！」と思ったんですよね。

こんなふうに、**自分が本当は心の奥底では望んでいるのに叶わないことがあると、それを叶えている人に対して「うらやましい」を通り越して、「嫌い」にまで発展してしまうことがある**んですね。

もし、あなたにもそんな人がいるとしたら、それはあなたの今の色メガネを壊してくれる大きなキッカケになる人かもしれません。

なぜなら、**そういう人の生き方や考え方は、自分1人だったら絶対に考えつかないようなことだったり、自分の中でタブーにしていることだったりする**からです。

それをいとも簡単にやって生きているので、自分の持っている色メガネがパリーンと割れる感覚になります（笑）。

最初は「ああ〜、あんなことして、あり得ない！」と思うのですが、その人の発信する情報に触れていくうちにだんだん慣れてきて、「ああいう生き方もアリなんだよなあ」と思えてきたりするんですね。

そして、そのうち自分も、その人と同じようなことをやっていたり……なんてこともあります。これも、その人の生き方やエネルギーに触れるうちに、いつの間にか色メガネが変わってしまうパターンですね。

この方法はかなり感情が動きますので、SENくんにも強烈に入っていき、急速に自分の色メガネが変わっていきますが、刺激が強い手法になります。

無理はしないで、ご自身の気持ちと向き合いながら実践してくださいね。

「夢の証拠集め」で加速する

さて次は、楽しく潜在意識の書き換えを加速させる方法になります。

第1章で「SENくんは証拠集めが大好き」というお話をしました。

例えば、「私は愛されない」という強い色メガネがある場合、愛されない現実が創造されます。

それを見て私たちが「ああ、また嫌われた」と嘆くたびに、SENくんは、「ほらやっぱり！　僕が創った通りでしょ。また愛されない証拠ゲット！」と色メガネをどんどん深く刻んでいきます。

この**「SENくんが証拠集めをして色メガネをますます深く刻んでいく」という特徴を、潜在意識を書き換える際に利用することができる**んです。

例えば、「私は愛されない」を「私は愛される」に変えるべく言葉を発していると、少しずつ現実を受け止める視点が変わってきて、「実は愛されてるのかな？」と思えるような出来事が出てきます。

職場の人が笑顔で挨拶してくれたり、LINEやメールなどに思いやりの言葉を見つけたり、誰かに褒めてもらえたり……。

ちょっとしたことでも日常の中に「あれ、なんか今までとは違うかも」ということが起きてきます。そうした出来事が起こるたびに、**「やっぱり私、愛されてるほうに変わりつつあるんだ！」と確信を持っちゃってください。**

現実に起こることにアンテナを立て、**新しい価値観「私は愛されている」の証拠集めをする**んです。

もちろん、SENくんも「あ、やっぱり愛されてるよね。わかった！　これをもっと深く刻むし、もっと愛される現実を創るね！」としっかり証拠集めをして、どんどん新しい色メガネを強く刻みつけていきます。

「私、変わってきてるかも」という現実が現れてくると、やっぱり嬉しくなりますから感情も入りやすくなります。SENくんは「感情に強く反応する」特徴がありますから、さらに効果的に刻み込まれていきますね。

さらに、SENくんは何度も繰り返されるものにも反応するので、たくさん証拠集めをすればするほど、潜在意識の書き換えは加速していきます。

無理に証拠を見つけようとする必要はありませんが、少しでも「あ、嬉しい」と思うことがあったら、「やっぱり私、そっちに向かってるんだ♡」と素直に喜んでください。

「やっぱり＋ポジティブな言葉」は色メガネを変えていく強い力を持ちます。どんどん言って、確信に変えていってください。

詳しくは後述しますが、潜在意識が書き換わってくると、このように現実に少しずつその兆候が見え始めます。

まさに自分の理想の世界、夢に一歩一歩近づいている実感ができるので、私はこれを「**夢の証拠集め**」と呼んでいるんです。

言葉を言い続けてきた自分を褒めながら、楽しみながら「夢の証拠」をたくさん集めてみてくださいね。

周りにも「良い言葉」をかけて加速する

これはSENくんに直接働きかけることとは少し違う角度からの話ですが、私が経験して急速に願望実現が早くなった方法なのでお伝えしますね。

とってもシンプルな話です。

自分だけでなく、周りにも良い言葉、愛のある言葉を使うように心がけるということです。

一番身近な家族はもちろん、恋人、友達、仕事関係の人など、私たちの周りで関わる人みんなに、思いやりのある言葉をかけていこうということです。

もし、さまざまな事情で、家族や友達といった身近な人に直接言うのが難しい場合は、ネットやSNSなどで、自分の好きな発信者さんや友達に「いいね！」をするとか応援コメントをするとか、会社の人に笑顔で挨拶するとか、自分のできる範囲でやってみるだけでじゅうぶんです。

自分が「愛の発信源」になることを心がけましょう。

もちろん、自分だけで潜在意識を変えても、すごいパワーで現実が動き出すわけですが、それに加えて、できる範囲で周りにも愛のある言動をしていくと、現実創造がさらに加速されます。**思いもよらない展開でトントン拍子に自分の望むほうへの道が現れる**のです。

「みんなにいっぱい親切にしてくれてありがとう。お礼だよ！」と言わんばかりの奇跡みたいな出来事が起こったりします。

これは、俗に言う「徳を積む」という行為で、人に自分なりの親切をすることで、目には見えませんが水面下では「徳貯金」のようなものがどんどん貯まり、あるときカジノの大フィーバーのような現象が起きてくるんです。

「徳フィーバー」みたいな（笑）。

さらに、**人に親切にすることそれ自体が、ストレス耐性や幸福度を高めてくれる効果もあるん**です。

人に親切にして「わあ、ありがとう！」と言われると、こちらも嬉しくなりますよね。そのやりとりがストレスを軽減してくれ、幸福度を増してくれます。

ただし、嫌いな人にまで無理して親切にする必要はないですよ。

自分が好きな人だけでじゅうぶんですので、できる範囲でやってみることをオススメします。

さて、ここまで「潜在意識の書き換えを加速する方法」をたくさんご紹介してきましたが、全部実践する必要はありません。この中であなたに合う方法を選んで実践していただけたらと思います。

また、「潜在意識の書き換えを加速する方法」はオプション的なものなので、もし「そこまではなかなかできない〜」という方は、**第3章でご紹介したYOKOメソッドの言葉を言うだけでもじゅうぶんです。**ご自身がやりやすい方法を採用していただけたらと思います。

YOKOのおまけウラ話

4

「穴があったら入りたいヨガパンツ」

ロサンゼルスでは、公園やビーチでヨガをしている人がたくさんいます。健康志向、おしゃれ志向が強いみたいです。

おうち大好き、引きこもりぎみの私は、その姿が非常にこなれていてカッコよく見えるので、密《ひそ》かに憧れていました。

先日、ある高級住宅街の大きな公園であったキッズヨガのクラスに4歳の息子と行ってきました。

キッズヨガだったので内容は簡単だったけど、私も一緒に体を動かし、とても楽しい時間を過ごしました。

クラスのあとは、公園内の遊具でお友達と一緒に2時間くらい遊んでから家に帰りました。

家での私は上機嫌♪　気持ち良かったし、子供も楽しんでたし、また行こーってテンション。

おうち大好きな私が、急にリア充になったような気がしてすごく嬉しかったんです。

しかし、その後、気分が一転。

その日はいてたズボンの「股」に、けっこうなデカさの穴が空いてるのを発見！

股の部分をさらけ出すような絶妙な位置と大きさ。……絶対、ヨガをやってたときだ！

朝はくときには穴なんてなかったし……。

ヨガの後、2時間くらい友達と遊んでたし、あの人もあの人も、気づいてたのかな??

気　づ　い　て　た　の　か　な？

不安が募る。……事実確認してみる？

「私のズボンの股のところにでっかい穴が空いてたんだけど、気づいてた？」って。

無理だ。そこまで気軽な関係ではない。

けっきょく何もできずに、旦那（裁縫上手）に穴を修復してもらい、今回の件もYOKOの新たな黒歴史として刻まれたのでした（笑）。

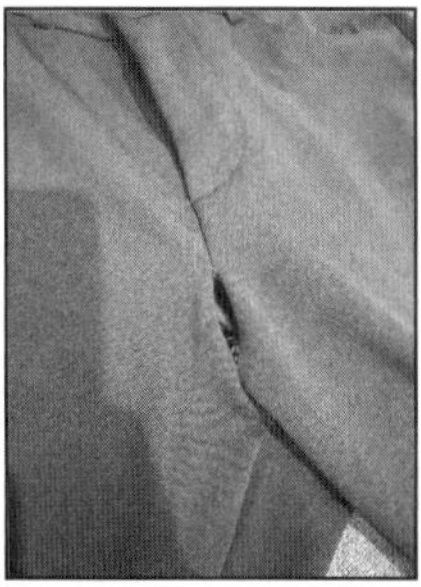

穴の位置、形、大きさが狙ったみたいに絶妙

第5章

読むだけで思い込みがほどけていく話

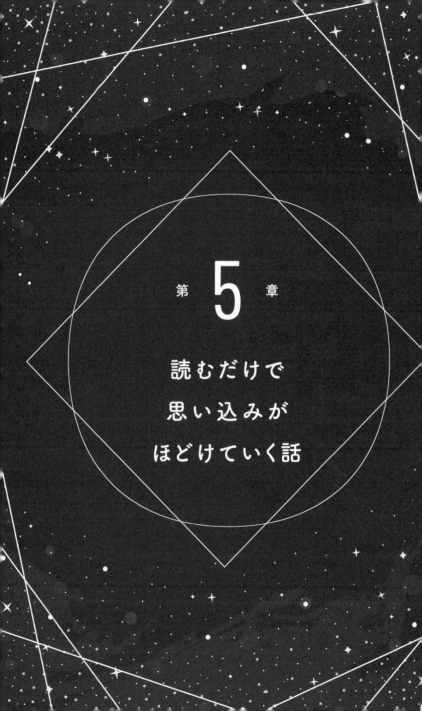

「ハッピーエンドの未来」を設定しよう

ここまででひと通り、潜在意識書き換えのメソッドをお話ししてきました。

この章では、**「読むだけで色メガネがちょっと変わっちゃう話」**をします。ここでご紹介するお話は、すべてYouTubeで反響が大きかったものばかりです。

どれも、日々の生活での視点が変わるような内容ですので、落ち込んでしまったり、イヤなことが続いたりしたときに思い出してほしいなと思っています。

読むだけで心がフッと軽くなるような、そんなお話を集めてみました。


まずは、「ハッピーエンドの未来設定」のお話から。

私たちは目の前の問題に対して、あーでもない、こーでもないと悩んだり、「あぁ、もうイヤだ」「なんで自分だけこんな目に……」と現実に翻弄されたりして、未来に対して希望を持てなくなってしまうことがあります。
そんなときに思い出してほしいのが、次のような考え方です。

ドラマや映画って、途中でいろいろなことが起こり、バタバタしながらエンディングに向かいますよね。私たちの人生も同じような感じで、さまざまな人間ドラマや紆《う》余《よ》曲折を経てエンディングを迎えます。

私たちが不安になるのは、将来のことがわからない、見えないからです。「この先どうなっちゃうんだろう」「大丈夫なのかな」と思ってしまうんですよね。

でも、**一度観たことのあるドラマなら、「このドラマ、途中すごい紆余曲折あるけど、けっきょくハッピーエンドになるんだ」ということがわかっていますから、どんな事件が起こっても安心して観ていられませんか？**

特にアクション映画では、主人公が大ピンチに陥って、初見では「危ない！」と思うシーンがいくつもありますが、一度観てしまえば「あ、ここで一瞬危ないけど、うまく生き延びるんだよね」と割と落ち着いて観ることができます。

だから、私たちの人生も、映画やドラマと同じようにハッピーエンドに設定してしまいましょう。

目の前で何が起こっていても、**「今こんなことが起きてるけど、けっきょくこの話はハッピーエンドなんだよね。むしろ、これがきっかけで、どんでん返しが起こるんだよね～」と考える**んです。

未来のことは誰にもわからないですよね。

どうせわからないなら、自分の都合のいいように決めてしまえということです。

これを聞いて、「そんな、決めるだけでそうなったら苦労しないよ」と思う人もいるかもしれません。

でも、思い込みの色メガネだって、たくさんの経験や言葉を聞いているうちに「勝手に自分の中で事実認定」されたものです。

ダメな人なんてこの世に存在しないのに、「自分はダメだ」なんて、そんな嘘を思い込みで事実にしてしまっているのですから。

SENくんは、嘘か本当かの判断ができません。

それなら、**嘘だろうがなんだろうが自分の未来も決めてしまえば、それが真実になる**とは言えないでしょうか。

未来の自分の姿や状況を「決めてはダメ」なんてルールはどこにもありません。

むしろ、私たちは色メガネを通して、自分の未来を悲観的に捉えているケースのほうが多いのではないでしょうか。

起こってもいない悲しい未来を勝手に設定できるならば、自分にとって都合の良いハッピーな未来を勝手に設定してもいいはずです。

ちなみに私は、「なんだかんだあっても、史上最高のハッピーエンドを迎える」ということのほかに、何か新しいことに挑戦するときにも、この考え方を活用します。

挑戦したけど失敗しちゃったかな~と思うときなど、「実はこの経験が、あの大成功への一歩だったのです。YOKOさんはまさに今、輝かしい未来へのターニングポイントに来ています！」とか、ナレーションみたいにクスクス笑いながら言っています（笑）。

自分の状況をナレーションみたいにして言ってみるとおもしろいですし、自分のことを客観視できて気持ちが落ち着くのでオススメですよ。

そして、「なんだかんだあるけど、けっきょく最高の結末を迎えるんだよね～この話」と決定してしまいます。

すると不思議と、その通りに展開していったりするのです。

言葉の力は本当にすごいです。メソッドはもちろん、こういった場面でも大活躍。

目の前につらい問題が出てきたときや、落ち込んでしまったときなども、この考え方を思い出していただけたらと思います。

「なんだかんだで、けっきょくハッピーエンド♡」

絶対、大丈夫ですよ。

壮大な茶番劇を演じる私たち

スピリチュアル的な考えでは、この世界は自分の心が創り出した仮想現実で、見えているものは本当の世界ではなく、かりそめの世界だとも言われます。

よくたとえられるのは、現実は映画のフィルムを投影しているスクリーンのようなもので、**自分を含めてそこに出ている登場人物は全員、その役を演じているだけ**だということ。

すべては私たちがこの地球でしかできない「経験」をするために、お互いに協力し合っている、ということですね。

ただ、この仮想現実がリアルすぎて、そして映画にしては長すぎるので（笑）、私たちはそんなことはすっかり忘れてしまい、この人間ドラマにハマりこんでいます。

すったもんだを毎日繰り返し、嘆いたり喜んだりしているわけです。

私が大好きな韓流ドラマ『イカゲーム』が2021年10月現在、世界中で大人気です。9月に公開されるやいなや、ハマりすぎてメイキングまで見てしまいました。イカゲームとはNetflixで大ヒットしているドラマで、借金を背負った人たちが大金目当てにサバイバルゲームに挑む、というものです。

あたりまえのことですが、みんな演技をしているときは互いに憎み合いだまし合い、自分の利益のために人を蹴落としたりするのですが、「カット」の声が入るとにっこり笑顔になるんです。笑って一緒に写真を撮ったりもして。

本当は怒ってもないし、もちろん相手のことを憎んでなんていない。さわやかな気持ちでいるわけですよね。

これを観て、「私たちも同じようなことをリアルでしてるんだろうなあ」と思ったんです。

人生はみんなで作っている壮大な茶番劇。**あの憎たらしい人も冷たい人も、そして自分自身も、ただただ自分の役を演じているだけ**なんだという視点を持つと、自分のドラマにのめり込みすぎずに、一歩引いた視点で物事を捉えられるようになります。

そこで、「人生は茶番だ」ということを一瞬で思い出すべく、何かイヤなことがあったり迷ったりしたときには、次の言葉を試しに言ってみてほしいのです。

・イヤなこと＋「という茶番を演じている」

例えば、会社にあまり好きじゃない人がいる場合、「あの人は嫌いなんだよな……会うのイヤだな……」と思っているならば、こんなふうに言ってみます。

「私はあの人が嫌いで会うのがイヤだ、という茶番を演じている」

どうでしょう。何かちょっと醒《さ》める感じがしませんか？

ほかにも、こんなふうに使うことができます。

「私は彼氏ができない、という茶番を演じている」
「私はお金がない、という茶番を演じている」
「私は人間関係が苦手、という茶番を演じている」
「私はあの人にムカつく、という茶番を演じている」

何かイヤなことがあったら、全部に「茶番を演じている」と付け足してみてください。フッと心が軽くなって笑えてきちゃうと思います。現実にのめり込まず、一気にこの茶番劇を外側から見る人になれます。
また、この言葉がクッションになり、SENくんにもネガティブな言葉が直に入っていかないようになりますよ。

すべては茶番、壮大な作り物。そういう目で周りを見渡すと、全員が演者さんに見えてくるんです。よく見ると、「専門職」の人もいたりして……（笑）。

嫌な上司専門、いつも文句を言う専門、心配ごとをしている専門、裏切り専門など。

自分が監督になったつもりで、「**おーい、さっきの演技すごかったね。思わず本気でムカついちゃったよ！」なんて心の中で遊んでみる**のも楽しいですよ。

人にまったく影響されなくなる生き方

この話は特に、人の言葉や態度に思わず反応してしまい、イヤな気分になったり良い気分になったりなど、振り回されがちの方に読んでいただきたいと思います。

これを意識することで、**「人は人、自分は自分」と考えられるようになります。**

イヤな人のエネルギーを「受け取らない」、つまり「影響されない」という生き方ができるようになるんです。おもしろい方法なので、楽しんで読んでみてくださいね。

これは、私が実際に経験したことをきっかけに気づきを得た話です。

ある日のこと。私は提出期限が迫っている子供の宿題を見なければなりませんでした。ところが、量が多すぎてなかなか進まず、自分の用事もできないしで、本当に嫌気がさして、「もう知らないよ」「適当にやって！」と子供に対してすごくイヤな態度を取ってしまったんですね。子供は何も悪くないのに。
その日の夜、反省した私は息子に謝りました。そのときの会話です。

私「ごめんね、さっきはイライラしてきつく当たっちゃって」
息子「え？ 僕はまったく大丈夫だったけど」
私「え、本当に？ だってすごいイヤな感じだったでしょ」
息子「お母さんはイヤな気分でいるんだなと思ったけど、別に僕はイヤな気分じゃなかったから、全然気にしなかった」

これを聞いて驚愕しました。息子よ、大人すぎる……！（笑）

親がイライラしていたら子供はそれを感じて悲しくなったりするかな、と思ったのですが、**息子は私のイライラを「全然受け取っていなかった」**のです。
右から左へ受け流していたんですよ。昔、流行りましたね？ そういう歌（笑）。

その瞬間、かつて読んだお釈迦《しゃか》様の話を思い出したんです。

お釈迦様が全盛の頃（この言葉が適当かわかりませんが・笑）、お釈迦様がみんなに尊敬されていることを、とてもひがんでいる男がいました。

ある日、その男がお釈迦様の散歩ルートで待ち伏せして、群衆の目の前で罵詈雑言《ばりぞうごん》を投げつけました。長い間ひどいことを言っていたようですが、お釈迦様はひと言も言い返さず、ただその男の言葉を聞いていただけだったそうです。

その姿を見ていた弟子たちは、悔しい気持ちで「お釈迦様、あんなにひどいことを言わせておいて、よろしいのですか？」と聞いたんですね。

すると、お釈迦様は口を開き、その男に尋ねたのです。

「もし、他人に贈り物をしようとして、その相手が受け取らなかったとき、その贈り物はいったい誰のものだろうか」

その男は、「そりゃ、相手が受け取らなかったら贈ろうとした者のものだろう」と言って、ハッと気づいたんですね。

お釈迦様はさらに続けます。

「その通り。あなたは今、私をひどく罵った。でも、私はその罵りを受け取らなかった。だからあなたが言ったことはすべて、あなたが受け取ることになるのだよ」

いやあ、お釈迦様、シビれる！
右から左への受け流し方が超一流！

相手がいくらすごい剣幕で怒っていようが、イヤな態度でいようが、**「あ、なんか怒っているな」「なんかイヤな態度だな」という相手の状態は理解しても、その負のエネルギーは受け取らないと「選択」した**わけですね。

そして、自分が受け取らなければ、**その怒りは全部相手に返っていく、**ということです。なんてスッキリする話なんでしょう(笑)。

ここで私は気づいたのですが、人の怒りや罵り、嫌味などは、自分が受け取らなければ、被害者になりようがないのだと思いました。

このお釈迦様のケースでは、「怒ってる男」と「それを見ているお釈迦様」、ただそれだけです。「怒ってる男」と「怒られているお釈迦様」ではないんですよね。

お釈迦様はただ見ているだけの人で、「男に怒られている被害者」ではありません。

どんなことでもそうですが、何かを「された」「言われた」「怒られた」などと思うと、相手の負のエネルギーを受け取って、自分が被害者になってしまいます。

でも、**たとえ相手がどんなに怒っていようとも、自分がそれを受け取らなければ「あ、この人は怒ってるんだな」と認識するだけで、自分は「怒られている人」にはならない**——。つまり、被害者にはならないと気づきました。

ただし、この理屈はわかっても私たちはお釈迦様ではないので、実際にイヤな言葉を言われたり、何かモヤモヤする態度を取られたりしたら、思わず反応してしまうのが普通ですよね。

そこで！　私が採用しているのがこれです。

「お前がそう思うんならそうなんだろう、お前ん中ではな」

このセリフ、知っている方はいますでしょうか。

『少女ファイト』という漫画の中のひとコマなんですが、この言葉が昔ツイッターで大流行したんです。略して「おまそう」と呼ばれています。

実際に漫画の中では少し違うニュアンスで使われていますが、私はこの言葉を次のような解釈で捉え、活用させてもらっています。

「たとえ相手が何を言おうと、思おうと、それは相手の中だけでの真実であって、自

分とは関係がない」

すごくシンプルですが、とても深くて、相手の発言や負のエネルギーに惑わされず受け流すことができる、まさに魔法の言葉です。

そこで私の場合は、誰かが自分に対して言ったことや態度にモヤモヤしてしまったとき、この「おまそう」と、お釈迦様の受け流しをセットで思い出します。

「お前がそう思うんならそうなんだろう、お前ん中ではな」

「この人が発してるこのイヤなエネルギーは、全部この人に返っていくんだなあ。**ぜ〜んぶお返ししますね**（笑）」

こんな感じです。そうすると、相手のエネルギーが自分に入って来ず、冷静でいることができるんです。

ちなみに、漫画のセリフは「お前」から始まっているので、上司とか自分より上の立場の人にモヤモヤしたときに心の中で言うと、めっちゃ笑えます。

目上の人に対して、心の中でだけでも「お前」とか言っちゃうの、おもしろくて好きなんです（元ギャルYOKOのスタイル・笑）。

世界の5％の人が地球の富を独占する理由

実は、これからお伝えする話はYouTubeでは公開したことがなく、私が2021年9月に登壇させていただいた「バシャール」のイベント（株式会社ダイナビジョン主催「オープンコンタクトフェス」）で、バシャールから直接聞いた話になります。

知らない方のために書いておきますと、バシャールとはアメリカに住むチャネラー、ダリル・アンカ氏がチャネリングして言葉を降ろす「宇宙人」です。

地球よりずっと文明が進んだエササニという星に住み、高い視座・視点から私たちにさまざまな叡智《えいち》を届けてくれています。

このバシャールが、お金と豊かさについてイベントで話していたことが非常に印象的で、皆さんに知っていただけたらと思い、今回特別に許可を得て掲載させていただくことになりました。

きっかけは、イベントの参加者から出た質問でした。

「世界の5％の人たちが、この地球の富のほとんどを独占していると聞きます。どうして、そんなことが起こるのでしょうか？」

これに対する、バシャールの回答が以下です。

「それは残り95％の人たちが、恐れや欠乏感をベースに生きていて、『自分が豊かになれるわけがない』と勝手に決めているから」

「豊かになってはいけない、お金を稼いではいけないとは誰も言っていないのに、勝手に自分たちで『できない、夢なんて叶わない』と思っている。そういう人たちが地球にちょうど95％ほどいる」

さあ、あなたはこれを聞いて、どう思いますか？

私はこれを聞いた瞬間、頭をガツンと殴られたような感覚になりました。

豊かさだけでなく、あらゆることに共通しますが、**私たちは誰に言われているわけでもないのに、「できない」「悪いことが起きそう」「うまくいくわけない」と勝手に思い、最初からあきらめていることが多い**のではないかと思います。

これこそ、まさしく本書のテーマの1つ「思い込みの色メガネ」の話だと思いました。

本書の原稿制作中にバシャールにこの話を聞いたので、きっとこれは「多くの人に深い思い込みを書き換える情報を広く流してください」というメッセージだったのではないかと、今では思っています。

それにしても、まさか世界の95%もの人が最初からあきらめているとは思ってもみませんでした。

でも逆に考えると、**思い込みの色メガネを変えていくことで、上位5%の人間にな**

れる可能性があるということなんですよね。だって、ほとんどの人は色メガネがあることすら知らないのですから。

そう考えると、俄然《がぜん》やる気が湧いてきませんか？

豊かさでも願いでもどんどん叶えて、精神的にも物質的にもますます豊かになっていきましょう。

誰も止めてません！（笑）

YOKOのおまけウラ話

5

「人生の激レアなボーナス期間」

私はもう何年も前から、書道家の武田双雲《たけだそううん》さんの大ファンです。

彼は「感謝オタク」(ご本人談)で、何にでも感謝し、感動し、人と競争せず好きなことをやってずーっとうまくいっている人。

全国の大手デパートの展示会、講演会、海外での個展など、どこに行っても大人気です。

「なんて軽やかに生きる人なんだろう……私もあんなふうに生きたい!」と強く思い、彼の書籍やブログを読みあさる私。

挙句の果てには、ネットで拾った双雲さんの写真を毎日見るという、ちょっと危ない行為までしていました(笑)。

そんな私が、ある日突然にご縁をいただいて、双雲さんとお話しする機会に恵まれることに!

もう嬉しすぎて1人で踊り狂い、調子に乗って「イエーイ!」とジャンプし着地した瞬間、「サクッ!」と人生で一度も聞いたことのない音が……。

直後、左足に激痛が走り、床に崩れ落ちました。「まさか……?」

次の日、足を引きずりながら病院に行くと、「左足の小指の骨が欠けています。手術は必要ありませんが、全治6週間ですね」というドクターの診断。

そこからギブス代わりの補強ブーツと松葉杖の生活に突入しました。

松葉杖の生活は不便ではあるものの、慣れてくると「どこまで松葉杖で早く移動できるか、自分の限界に挑戦!」と子供たちの前でスキルを披露したり(尊敬される・笑)、「松葉杖の私ちょっとカッコいいかも……」と謎の優越感に浸ったりして、その特別な期間を楽しんでいる自分がいました(笑)。

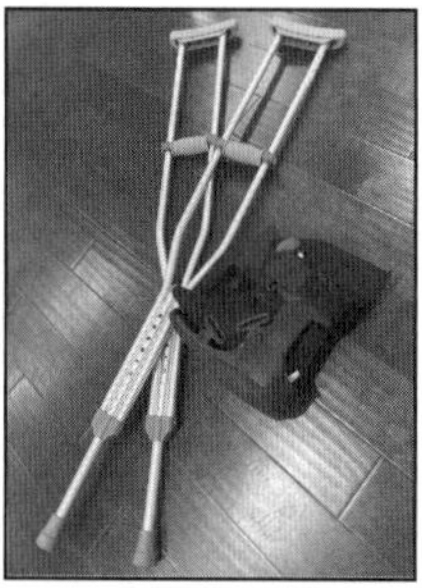
実際に使っていた補強ブーツと松葉杖

第6章

輝く未来へ向かって「人生イージーモード」に！

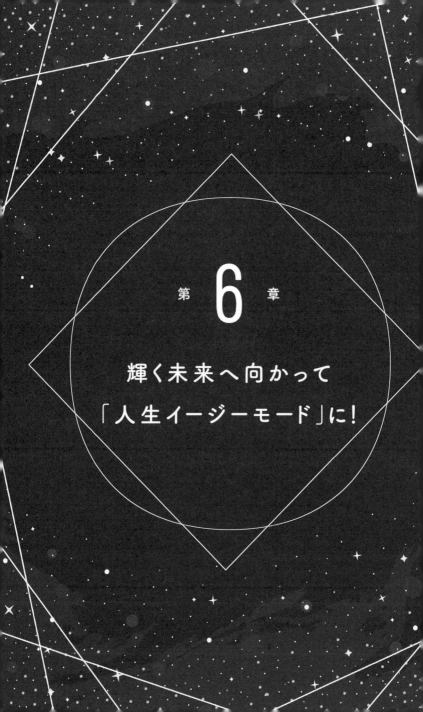

潜在意識が書き換わった3つのサイン

さて、ここからは本格的に色メガネが変わると何が起こるか、ということをお話ししていきたいと思います。

ここまでにも何度かお伝えしましたが、色メガネが実際に変わっていく段階では、**自分の感じ方や現実に現れてくる出来事が、SENくんの力で「自動的に」以前とは違うものになっていきます。**

具体的にどんなことが起こっていくのか――。

私の経験から「**自分の気持ちの変化**」「**現実に起こる出来事の変化**」「**行動の変化**」**の3つのポイント**に分けて説明していきますね。

【①自分の気持ちの変化】

私はいつも色メガネが変わるときは、最初に気持ちから変わっていきます。**以前には見えなかった、見ようとしなかったものが、自分では意識していなくても勝手に見えてくるようになる**んですね。

例えば、色メガネが「お金がない」から「私はお金持ち」に変化すると、まず今まで「ない、ない」と思ってきた自分のお金や財産が、「あれ？　自分、実はけっこう持ってるじゃん」と「お金がある」ほうに受け止め方が変わってきたりします。

最初はそんなに強い気持ちではないのですが、「ある」にたくさん気づいていくうちに、それがだんだん「私はお金ある人なんだ」と確信めいたものに変わっていきます。

また、以前は「イヤだな」と反応していたものが気にならず、スルーできるようになったり、違った視点で物事を見ることができるようになったりします。

「精神的な願いを叶える言葉」やセルフ・コンパッションで心を満たしていると、**書き換え前よりも心が落ち着いていたり不安が減っていたり、幸福度が高くなっている**

ことにも気づくでしょう。

それまで悩んでいたことを「なぜ、そんなことで悩んでいたのかわからない」というくらい、以前の自分の気持ちが理解できなかったりすることも起こります。

これは、子供の頃に「かけっこで絶対に負けたくない！」と思っていたものが、大人になったら「そんなことはどうでもいいし、なぜあんなにムキになっていたのか、わからない」という感覚と似ていますね。

とにかく、**心に「以前はなかった心地良い変化」があることがサイン**になります。

【②現実に起こる出来事の変化】

これが最もわかりやすいサインかなと思います。現実に起こってくる出来事が、明らかに以前とは違ったものになっていきます。

特に、物質的な願いをしたときにわかりやすいのですが、例えば「なんか知らないけど、ラクして、5kgやせちゃった」が願いだとします。

すると、自分が「めっちゃラク」と思えるような方法が情報として入ったり、ダイエットをサポートしてくれる人が現れたり、ダイエットサプリをもらったり、現実の環境がどんどん整い始める、ということが起こってきます。

まるで「そっちの道に行ってね」「早く願いを叶えてね」と言われているように、1つひとつステップのように、夢を叶えるためのお膳立てが創られていくんですね。

また、願いによっては、人間関係もすごい勢いで変わっていきます。私の場合、人間関係が変わるのは次の2パターンです。

- **同じ人の性格が変わってしまう**
- **人間関係の入れ替わりが起こる**

前者の場合は、「同一人物ですか?」というくらい、以前はあまりいい関係じゃなかった人が親切になったり、自分のことを認めてくれるようになったりします。また

その逆で、突然冷たくなって去っていくなども起こります。

後者の場合は、もうその言葉通り、それまで惰性というか嫌々付き合っていたような人たちとは、半ば強引とも言えるくらいにスパッと縁が切れていきます。

その代わりに、自分が求めていたような人との新しい縁がつながっていきます。

「新しい自分にふさわしい人が配置されていく」といった感覚でしょうか。

また、第3章でご紹介した**「周囲の環境を理想通りにする言葉」**で、**「なんて、豊かなんだろう！」などの言葉を口にしていると、臨時収入があったり、収入がアップしたりといった変化**もあります。

自分の周囲の環境が言葉通りに整ってくる、という現象が起こってくるんですね。

まとめると、現実に出てくる変化は次の2つのパターンが多いように感じます。

- **願望実現のためのステップが次々と現れる**
- **臨時収入のように「現物支給」がある**

ここで1つ、願望実現した方の体験談をご紹介します。

ある会社員の30代女性は、結婚願望があるのになかなか良い出会いがありませんでした。

そこで、理想のパートナー像と、そのパートナーと一緒にやりたいこと、彼の隣にいる自分の様子を毎日紙に書いたり、言葉にしたりしていたそうです。そして、そのワクワクする気持ちを味わっていました。

すると、**まさに理想の男性が現れ、お付き合いすることになり、たった半年でプロポーズされた**そうです。

これは、ちょっと語弊がありますが、パートナーの方がまるで「現物支給」のように引き合わされたケースになりますね。願いによって、それぞれのパターンで現実に現れてきます。

【③行動の変化】

思い込みの色メガネが書き換わると、行動にも次のような変化が現れます。

- **無意識の行動変化**
- **行動することが楽しくなる（苦にならない）**
- **行動せざるを得ない状況がやってくる**

まず、「無意識の行動変化」から。ここまで何度も例に出してきた「私は愛されない」と思っていた人が「私は愛される」に変わった場合でお話ししますね。

一度色メガネが書き換わると、**「私は愛される」の言葉にふさわしい行動を勝手に取るようになります**。醸し出す雰囲気、態度、行動にそれが自然に出てくるんです。以前は人の顔色ばかり気にしてビクビクしていたのが、堂々として余裕のある振る舞いになります。

自分の心が満たされているので、人にも親切にできる、自然と笑顔になるなどの変化も出てきます。それらすべてが、ほぼ無意識で自然にできるようになっていきます。また、人に嫌われたとしても、あまりダメージを受けません。

あまりにも以前と違うので、友達や知り合いから「雰囲気変わった？」とか「何か楽しそうだよね」など、変化を指摘されることもありますよ。

「口に出している言葉にふさわしい行動を自然にしている」

これが、無意識の行動変化です。

そして2番目の、「行動することが楽しくなる（苦にならない）」ケース。

以前はたとえ夢のためでも、「行動するのがめんどうだ」と思っていたものが、「やりたい！」とか「やることが全然苦にならない」という気持ちになってきます。

物質的な願いを叶えるメソッドで、「なんか知らないけど＋プロセス＋結果」という公式に当てはめていく、というお話をしました。

例えば、プロセスが「楽しみながら」だった場合、自分の好きなことや楽しめることで結果に向かっていくという流れになるので、チャンスが来たら「やりたい！」という気持ちになりやすいんですね。

これこそ、「〜しながら」のプロセスを設定するのがすごく大事な理由です。夢を叶えるために行動することが必要なら、楽しくワクワクしながら夢を叶えたほうがいい。プロセスは、それを設定するためのものです。

しかも、**何か行動するのに「やらなければ」だと挫折しやすいですが、「楽しいからやりたい！」という気持ちほど強いものはない**です。

ゲームでも趣味でも、好きなことなら楽しくて何時間でもやってしまうという、あの感覚で夢に向かって進んでいくことができるのです。

特に物質的な願いを叶えるときに多いのですが、色メガネが書き換わると「願望実現のために行動するのなんて、あたりまえ」のマインドになるので、「**わざわざ行動しようと思わなくても楽しいから動いてしまう**」「**行動するのが自然な自分**」という**軽やかな感じになっていきます。**

また、気持ちがそのレベルまで達していなくても、現実がどんどん変わっていくので、**3番目の「行動せざるを得ない状況になる」ケース**になる場合もあります。

これは、突然重要な仕事を任されたり、思ってもみないチャンスがやってきたり、ずっとやりたかったことができたりと、人生の転機とも言える出来事が起こってくる場合です。

そのチャンスに挑戦することで、躊躇《ちゅうちょ》する暇もなく**「強制的に夢への階段を上らされる」**ような状況になります。あまりにもチャンスが大きいと怖さが出てくることもありますが、「それでもやりたい」というポジティブな気持ちが勝ります。

まるでSENくんに、「ほら、お膳立てしたから早く上ってよ!」と言われているかのよう。大きな後押しの中、チャレンジする状況になるのです。

行動の変化をまとめると、新しい色メガネにふさわしい行動を「勝手に」取り始める、また願望実現に近づいていく状況に「自動的に」なり、楽しく行動しながらいずれゴールに到達する流れになっていく、ということですね。

行動の変化はわかりやすいので、自分の変化も楽しみながら実践していただけたらと思います。

さて、ここで実際に色メガネが書き換わった私の体験談をお話ししたいと思います。第4章でもチラッと触れた5kgのダイエットに成功した話ですが、名付けて「色メガネ書き換えダイエット」(笑)。どんなことが起こったか、参考にしていただければと思います。

コロナ太りがひどかった私は、「なんか知らないけど、ラクして、5kgやせちゃった」と「私の体は、なんて魅力的なんだろう!」(笑)という言葉を唱え続けていました。

あとは前述したように、体重計に理想体重を書いておいたり、理想体型のモデルさんの画像を待ち受けにしたりしていたんですね。

そうすると、まず、自然と食欲が減ってくるという現象が起こりました。食欲が減ると言っても「食べたくない」というよりは、「食べなくても平気」という感覚です。

私はもともと食べることが大好きで食欲旺盛なのですが、何か憑《つ》き物が落ちたようにスッ……と食欲が消えたんです。

ここで、**「食べないことが苦にならない」**という状況が起こりました。

また、それまでは時間が来たら食事をする、という生活をしていたのが、「おなかが空いてなければ、何も食べない」というスタイルに変わりました。

1日1食でも大丈夫になっちゃったんです(現在も)。まあ、その1食は好きなものをガッツリ食べるんですけど……(笑)。

ダイエット情報も、SENくんが「はい、これ読んで」「こっちも!」みたいな感じで勝手にたくさん集めてくれるかのように、「苦労せずやせる情報」がたくさん入ってきたんです。それらの情報を見ているうちにやせている人の生活がインプットされ、自分もそれに合わせて勝手にそうなっていくような感覚がありました。

言葉を口にしながら情報に触れていくうちに、「やせている人にふさわしい行動・

思考」に自然となっていったという感じです。

間食のチョコやクッキーも大好きでしたが、もう「食べたくない」とまで思うようになりました（体に入れたくない、という感覚のほうが正しいかもしれません）。

そんなことを1～2カ月続けていたら、本当に無理せず、自然にスル～ンとやせることができました。

運動は、たまにストレッチをやるくらいで、ほぼしていません。**本当に「なんか知らないけど」食欲がなくなって、いつの間にか「ラクして5kgやせちゃった」ということが起こった**んですね。

言葉のおかげで我慢、忍耐、苦労などいっさいなしで目標達成できたので、本当に言葉って便利、言わないと絶対に損だな～と思った出来事でもありました。

まさに**「イージーモード」で願望実現**ですね。

こんなふうに、色メガネが自分の望むものに変わった後というのは、ほぼ無意識つまり「自動的に」自分の気持ち、現実の出来事、行動が変わっていきます。

まるで別人になったかのように「言葉にふさわしい人間」になり、「言葉通りの結果」を受け取っていくんですね。

SENくんが全部お膳立てしてくれるので、不思議な力に押されながら、自分の思い通りの道を進んでいくような感覚です。

もし、ここまで読んできても「本当に自分にもできるのかな〜」と思う方がいたら、まずは小さな願いから言葉にするようにしてみてください。

それが叶えば、「私にもできた！」と自信になり、次の願いは少し大きいものでもワクワクと挑戦することができますよ。

結果が「絶対に」出るのはわかっている

ここでは**「潜在意識はいつ書き換わるの？」「願いが叶うのっていつ？」**という点をお話ししていきます。

人にもよりますし、願いごとにもよりますが、たいていの場合は、早くて数週間、長くても2~3カ月すれば、なんらかのいい変化が出てくると私は思っています。

これを聞いて、「え、そんなにかかるの？」と思った方もいるかもしれません。

どんなメソッドでもそうですが、多くの方が思い描くのは、左の図Aみたいな比例グラフのように、最初から良い変化が見えて、順調に右肩上がりで上昇していくイメージだと思います。

しかし実際は、図Bのような感じで進んでいくことがほとんどです。最初のうちは

図 A

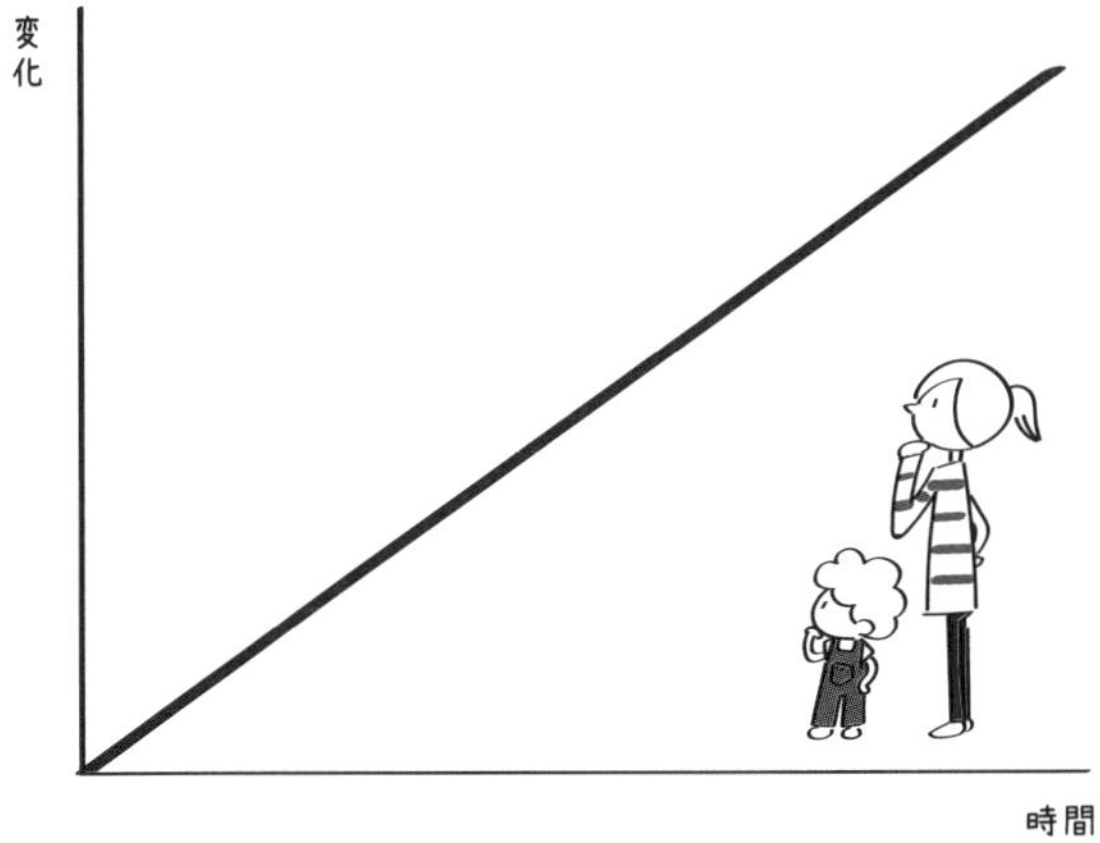

図 B

変化がとても少ないですよね。この時点で、「な〜んだ、変わらないじゃん」とやめてしまう人が多いのです。

ダイエットがいい例だと思います。

体重がすぐに減り始めれば「どんどん運動しよう！」とモチベーションマックスになりますが、実際にはそう簡単にいかないことのほうが多いですよね。それで挫折してしまう……と。

でも、「結果が絶対に出る」とわかっていた場合なら、どうでしょう？

例えば、植物の種は蒔《ま》いてもすぐに芽が出てきませんし、何日、何週間も待つ必要があるものもありますよね。

でも、種を蒔いた後って、すぐに芽が出てこなくても、つまり「結果が出ていなくても」、むしろ待っている時間が楽しいんですよね。

「まだかな？　まだかな？」と毎朝チェックして、ちょっとでも芽が出てたら「出た

〜！」と大喜びして。

これはいったいどうしてでしょうか？

なぜ目の前の現実に、まったく変化が出ていなくてもワクワクするのでしょうか？

それは、**「今」目の前の現実で芽が出ていなくても、いずれ出てくるのが「わかっている」から**です。

人というのは、結果が出るか出ないかがわからないものに対しては、すぐにあきらめてしまう傾向があります。

逆に、**結果が出ることがわかっていれば、ワクワク待ち続けることができる**のです。

あれ？　ちょっと待ってください。

YOKOメソッドの言葉って、言い続けているとSENくんにその言葉が入って、その通りの現実が創られるんですよね。潜在意識の仕組みがそうなっていると、ここまでにイヤというほど説明してきましたよね。

そして、マザー・テレサのこの言葉、第3章でご紹介しましたね。

思考に気をつけなさい、それはいつか言葉になるから。
言葉に気をつけなさい、それはいつか行動になるから。
行動に気をつけなさい、それはいつか習慣になるから。
習慣に気をつけなさい、それはいつか性格になるから。
性格に気をつけなさい、それはいつか運命になるから。

そうそう。思考はいつか、運命になるのでしたね。
ただYOKOメソッドを使う場合は、「思考が運命になる」ではなく、その思考（思い込みの色メガネ）を先に言葉で変えてしまうので、**言葉↓思考↓運命の順**で変わっていく、というロジックでした。

これはつまり、言葉が変われば運命が変わるってことなんですけど、それって……

「言葉という種を蒔き続ければ、必ず結果が出る（運命が変わる）」ってことになりませんか？

そうであれば……。

たとえ、一時的に何も変化がなくても、**そのうち絶対に現実は変わっていくのだから、結果が出るのをワクワク待ちながら「言葉という黄金の種」を蒔き続ければいい**、ということになりませんでしょうか。

黄金の種を蒔く期間「ゴールデンタイム」

「種蒔きの一時的な期間」は、表面に何も見えなくても、蒔いた種は土の中では確実に成長していきます。**SENくんの中に、言葉は確実に積み重なっていきます。**

これは、初めて自転車に乗る練習をするときにも似ています。最初は怖くて転んでケガをしたり、下ばかり見てしまってうまく曲がれなかったりします。でも、あるときスッと乗れるようになります。転んだりフラフラしたりしているときは、表面上あまり変わってないように見えますが、経験は確実に積み重なっていますよね。

「自転車に乗れるようになるのはわかっている」のに、途中で「できないからや〜めた！」となってしまうのは、すごくもったいないですよね。

「あとちょっとでラクに遠くまで行けるようになるのに！」と思いませんか。

これと同じようなことが、「**言葉を積み重ねていき、黄金の花を咲かせる**」ということにも言えるのです。絶対に芽が出るのがわかっているのに、種蒔きを途中でやめるのは、あまりにももったいない。

下図の○で囲ってある期間は、表面上の変化は少ないかもしれませんが、黄金の花を咲かせるための必要不可欠な準備期間、いわば「黄金の種をたくさん蒔くゴールデンタイム」なんです。

言葉という黄金の種を蒔いてさえいれば、あなただけの美しい花を咲かせるときが必ず来ます。休み休みでもいいので花咲かじいさんのように（笑）、楽しみながらたくさんの種を蒔いていってくださいね。

この期間が種蒔きのゴールデンタイム

あなたが望む通りの「新しい世界」へ

さて、これからあなたは、今までとはまったく違う人生を歩むことになります。

今まで叶えたくても叶わなかったこと、やりたくてもいろいろな理由でできなかったこと、**これからは「できない」「叶わない」という思い込みを根こそぎ取っ払って自由に羽ばたいていくことができます。**

あなたが「なんとかしよう」としなくても、言葉を変えるだけで理想の世界がどんどん向こうから押し寄せてきます。

もしかしたら、まだそれを信じられないかもしれませんね。

でも、**今までだって、それを散々体験してきている**のです。

あなたが「なんとかしよう」と思わなくても、なぜかイヤな人が勝手にあなたの前に現れたり、イヤだと思うシチュエーションに自然と置かれたりしたことがありましたよね？

それらの状況を作ろう、感じよう、と自分の意志で思ったわけではないのに、「自動的に」創られていた世界。

その元になっているのは、「思い込みの色メガネ」でしたね。

今までは、「知らず知らずのうちに、かけていた色メガネが現実化していた」状態でしたが、これからは色メガネの色を自分の好きな色に変えられますね。

どんな色メガネにしましょうか？

みんなに愛される世界？
お金たっぷりの世界？
毎日笑って楽しい世界？
好きなことを仕事にできる世界？

大成功する世界？

みんなで健康な世界？

これら全部？（笑）

なんでもOKです。あなたが望む通りに変えていってください。

ただし、色メガネを1つ変えたからといって、イヤなことが全部なくなるわけではありません。でもそうしたら、また変えていけばいいのです。

これからは、**現実に起こるイヤなことは「こんな色メガネがあるよ、変えよう」のサイン**です。色メガネを変えれば変えるほど、心軽やかに、生きやすくなっていきますよ。

私たちは、これまで5％の顕在意識だけで頑張っていた「ハードモード」で人生ゲームをプレイしてきました。

これからはSENくんと同じ方向を向き、100％のフルパワーで夢が創られる「イージーモード」で歩んでいきましょう。

2020年、アメリカでコロナ禍のためにマスク着用が義務付けられたとき、「ニューノーマル」（New Normal＝新常識）が誕生した、なんて騒がれました。

あなたのニューノーマルは、どんなことでしょうか？

新しい色メガネが創り出す、あなたのニューノーマルな人生に、あたりまえにあるもの、あたりまえにいる人は、どんな人でしょう？

考えるだけでニヤニヤしてしまう世界を、ぜひかわいいSENくんと手を取り合って、具現化していってくださいね。

私も一緒にどんどん理想を具現化していきます！

おわりに

人生って意外と簡単に変えられる!

ここまで読んでいただいて、本当にありがとうございます。

読者の中には、私のYouTube動画を見てくださっている方も少なくないと思います。こうして動画とは別の形でお会いできたこと、感無量です。

文字でのYOKOはいかがでしたか?

ところどころに皆さんの大好きなアホ要素を入れましたが、喜んでいただけたでしょうか。アホなところばかりが印象に残ってしまって、本題を忘れるいつものパターン、今回はナシにしてくださいね(笑)。

私がこの本でお伝えしたかったのは、ノウハウの部分だけでなく、「人生って意外と簡単に変えられる」ということです。

思い通りの人生を生きるのに、最も障害になっているのは、「自分はダメだ」「できない」「叶うはずがない」などの強い思い込みです。これは、自分で自分の可能性に「勝手に」フタをしている状態。

今回のメソッドは、そのフタをパカッと開けてあげること、そして、フタの下に隠れていた「本当のあなた」が望む世界を創造する方法になります。

あなた自身を無理に変えようとする必要はありません。

言葉を変えるだけで、あなたも、現実も、その通りに変わっていきます。

自分をダメだと思っていても、ネガティブでも、劣等感が強くても、自己肯定感が皆無でも、自分を大嫌いだったとしても……色メガネを変えていけば、自然な形で望む自分になっていくことができますよ。

こんなことを言っている私も、叶えたいこと、満たしたい心のスキマがまだたくさんあるので、自分なりのペースで楽しく種蒔《ま》きしていこうと思っています。

そしてまた、新たな気づきや発見があったら、動画でどんどん発信していきます。
もしよかったら、小さな変化でもいいので、あなたもコメント欄で報告してくださると嬉しいです。皆さんの温かいコメントは、私の生きていく活力になっています。

本書の内容を実践中にうまくいかないことや、挫折してしまうこともあるかもしれません。そんな方へのヒントやアドバイスなどもYouTubeや公式LINE等で発信していきますので、継続のサポートとしてお使いください。

また、「〇〇について知りたい」「本の中のこれについて、もっと教えて！」などの質問・リクエストがある場合も、公式LINEから受け付けています。もしよろしければ、下記のQRコードからどうぞ（2021年12月現在のものです）。

皆さんからいただいた質問は、YouTube動画やYouTubeライブのほか、Clubhouseライブなどでもお答えしていく予定です。

最後に、この本の出版に関わってくださった皆さま、いつも支えてくれる大切な家族、友人、そして応援してくださる皆さまへ、感謝をお伝えしたいと思います。

まずは、この本の出版に携わっていただいたすべての方々。1冊の本を出すのに、自分で思っていたよりもずっとたくさんの方が関わっていて、「これは良いものを仕上げないと……」と気が引き締まったのを覚えています。

私のこだわりが強く、たくさんご迷惑をおかけしたこともあったと思います。でも、紆余《うよ》曲折を経て創り出された作品だからこそ、とても良いものが出来上がったのではないかとも思っています。

本という形で、多くの方に私の伝えたいことを広めるチャンスをくださって、本当にありがとうございました。

いつも一番側にいて、一生懸命支えてくれる旦那さま、大好きな子供たち、本当にいつもありがとう。

あなたたちのサポートがなければ、この本は完成していなかったと思います。世界で一番大切な、愛おしい私の家族。ずっと一緒に、仲良く笑いながら生きていこうね。

私を産み、育ててくれたお父さん、お母さん。いろいろあったけど、今はお父さんとお母さんの愛情をたくさん感じることができています。本が出ることを話したとき、「お父さんと都心の本屋まで買いに行くね」と言ってくれてありがとう。「お父さん、ふだん遠出しないのに電車で行ってくれるんだ」と思ったとき、泣けてきました。いつもは口にしないけれど、愛されてるんだなあって感じました。

韓国のお父さん、お母さん。ここに書いてあることは理解できないかもしれないけれど、いつも心から信じ、応援してくれてありがとうございます。周りが「YOKOが成功できるわけない」と言っていた中、信じてくれたこと、一生忘れません。

いつも動画を観て、笑ってくれたり温かい愛で応援してくださる皆さま。この本の出版が決まったのも、皆さんの応援があったからこそです。いつもいつも本当に感謝しています。

そして、この本を最後まで読んでくださった、あなた。星のような数の書籍がある中で、私の本を選んでくださり、ありがとうございます。
日本から遠いアメリカに住んでいても、こうしてつながることができたことを嬉しく思います。

なんて、ありがたいんだろう。
私を支えてくれた方、関わってくださったすべての方へ、感謝します。

では……今回はここまでになります。
最後までお読みいただきまして、本当にありがとうございました。
次は動画でお会いしましょう！

LAより愛をこめて
YOKO

YOKO（ようこ）

LA在住主婦で3児の母。幼少期から無価値感や劣等感が強く、物心がついた頃から自己啓発・成功法則・スピリチュアルの情報を読み漁る。10年以上迷いに迷った末、この世界の法則を自分なりに理解し、人生はシンプルで変えようと思えば誰でもいつでも変えられることに気づく。「自分が生きたい人生を"超簡単に"構築していく」をモットーに、2020年にYouTube「YOKOの宇宙研究CH」を開設し、人生を変えるメソッドを多数配信。視聴者の目線に立った内容が共感と反響を呼び、登録者12万人を超える人気チャンネルとなっている。

「全自動《ぜんじどう》」であらゆる願《ねが》いが叶《かな》う方法《ほうほう》
潜在意識《せんざいいしき》がみるみる書き換《か》わる

2021年12月 9 日　初版発行
2022年 5 月 5 日　 3 版発行

著者／YOKO《ようこ》

発行者／青柳昌行

発行／株式会社KADOKAWA
〒102-8177　東京都千代田区富士見2-13-3
電話　0570-002-301（ナビダイヤル）

印刷所／大日本印刷株式会社

●お問い合わせ
https://www.kadokawa.co.jp/（「お問い合わせ」へお進みください）
※内容によっては、お答えできない場合があります。
※サポートは日本国内のみとさせていただきます。
※Japanese text only

定価はカバーに表示してあります。

ISBN 978-4-04-605438-8　C0095